OEVVRES
DE
MATHVRIN REGNIER

TEXTE ORIGINAL

Avec Notice, Variantes & Glossaire

PAR

E. COURBET

PARIS
ALPHONSE LEMERRE, ÉDITEUR
PASSAGE CHOISEUL, 47
—
M.DCCC.LXIX

ŒVVRES

DE

MATHVRIN REGNIER

Il a été tiré de ce livre :

116 exemplaires sur papier Whatman.
 5o   —   sur papier de Chine.
  3   —   sur parchemin.
  2   —   sur peau de vélin.

Tous ces exemplaires sont numérotés et paraphés par l'éditeur.

AVERTISSEMENT.

Cette édition se divise en deux parties. La première comprend les poésies publiées du vivant de l'auteur, tant par Toussaincts du Bray que par Anthoine du Breuil et Raphael du Petit Val. La seconde présente, dans l'ordre de leur réunion à l'œuvre principale de Regnier, les pièces données par les Elzeviers, Lenglet Du Fresnoy & Viollet Le Duc. Elle se termine enfin par quelques épigrammes dont M. Tricotel a récemment établi l'authenticité.

Le texte qui va suivre est celui de l'édition originale, dont on ne se sert habituellement que pour rectifier les mauvaises leçons des éditions poſtérieures. Ces dernières, conſultées à leur tour pour les pièces nouvelles, ont fourni d'aſſez notables variantes. L'orthographe et la ponctuation ont été reproduites, l'une dans ſes incertitudes & l'autre dans ſes ſingularités. Quelque bizarres en effet que puiſſent paraître les formes de la langue, il n'eſt pas permis de s'en écarter ſi l'on veut reſter d'accord avec l'hiſtoire & conſtituer des documents philologiques.

NOTICE

SUR MATHURIN REGNIER.

La biographie de Regnier eſt encore à l'état de fragments. Il ſemble que des pages en aient été perdues. Mais ces lacunes ont peu d'importance, parce que les œuvres de Regnier ſont de véritables confeſſions, & que les aveux du poëte nous éclairent ſur les particularités probables de ſa vie intime. Toutefois, avant de reconſtituer par des inductions l'hiſtoire de notre premier ſatirique, il faut en connaître les faits certains. Voici tout d'abord une notice qui a paru dans le Mercure de France en février 1723. Plus exacte & plus complète que celle de Broſſette publiée ſix ans plus tard, cette notice est tirée d'un article critique sur la bibliothèque de dom Liron, & elle est d'un compatriote, sinon d'un parent du poëte.

« Mathurin Regnier étoit fils de Jacques Regnier, bourgeois de Chartres, & de Simone Desportes, sœur de l'abbé Desportes; il naquit le 21 décembre 1573, comme on le voit par les regiſtres de la paroisse de Saint-Saturnin de la ville de Chartres, & comme il est écrit dans le journal de Jacques Regnier, son père. Le contrat de mariage de Jacques Regnier avec Simone Desportes, passé devant Amelon, notaire à Chartres, le 25 janvier 1573, justifie que cette famille étoit des plus notables de la ville. En 1595, Jacques Regnier fut élu échevin de la ville de Chartres. Au mois de janvier de l'année 1597, il fut député à la cour, en qualité d'échevin, pour quelques affaires publiques; il mourut à Paris & fut inhumé dans l'église de Saint-Hilaire du Mont le 14 février 1597. Il laissa trois enfans, Mathurin, le poëte dont est question, Antoine, qui fut conseiller élu en l'élection de Chartres, & Marie, qui épousa Abdenago de la Palme, officier de la maison du Roy. Antoine Regnier épousa D^{lle} Anne Godier. Le contrat de mariage fut passé devant *Fortais*, notaire à Chartres; on y voit encore les titres de la plus notable bourgeoisie. Jacques Regnier, leur père, étoit fils de Mathurin Regnier, bourgeois, qui étoit fils d'un Pierre Regnier, bon marchand de la ville de Chartres. Mathurin Regnier, le poëte, fut reçu chanoine de Chartres le 30 juillet 1609, mais son humeur ne lui permit pas de fixer sa résidence à Chartres, ni de vivre aussi régulièrement que des chanoines sont obligez de faire. Il quitta donc ce bénéfice; il en avoit plusieurs & une pension de 2,000 livres sur l'abbaye des Vaux de Cernay. Il mourut à Rouen le 22 Octobre 1613. Ses entrailles furent enterrées dans l'église de la paroisse de Sainte-Marie-Mineure, & son corps, qui fut mis dans un cercueil de plomb, fut porté dans l'abbaye de Royaumont, à neuf lieues de Paris. Ce qui a contribué à faire passer Mathurin Regnier pour le fils d'un tripotier, c'est que Jacques Regnier, son père, qui étoit un homme de joye & de plaisirs, fit bâtir un tripot derrière la place des Halles de Chartres, qui s'appela toujours le Tripot Regnier. Ce tripot ne subsiste plus. Du reste, la seule élection de Jacques Regnier comme échevin de la ville de Chartres démontre qu'il n'étoit point un maître de tripot, puisque ces sortes de gens ne sont point admis dans les charges municipales, non plus que les artisans & les gens du commun. »

Les indications qu'il faut emprunter à Brossette pour compléter la notice précédente sont relatives à l'ordination de Regnier & à sa mort. Elles portent qu'il « fut tonsuré le 31 de mars 1582 (1584, suivant M. Lucien Merlet), par Nicolas de Thou, évêque de Chartres. Quelques années après, il obtint par dévolut un canonicat dans l'église de Notre-Dame de la même ville, ayant prouvé que le résignataire de ce bénéfice, pour avoir le temps de faire admettre sa résignation à Rome, avoit caché pendant plus de quinze jours la mort du dernier titulaire, dans le lit duquel on avoit mis une buche, qui fut depuis portée en terre à la place du corps, qu'on avoit fait enterrer secrettement. Le dérèglement dans lequel vécut Regnier ne le laissa pas jouir d'une longue vie. Il mourut à Rouen, dans sa quarantième année, en l'hotellerie de l'Ecu d'Orléans, où il étoit logé. » Sur ce dernier point, Tallemant des Réaux, comme tous les indiscrets, est plus explicite : « Regnier, dit-il, mourut à Rouen, où il étoit allé pour se faire traiter de la *verolle par un nommé Le Sonneur. Quand il fut guéry, il voulut donner à manger à fes médecins. Il y avoit du vin d'Efpaigne nouveau. Ils lui en laiffèrent boire par complaifance ; il en eut une pleuréfie qui l'emporta en trois jours.* »

C'eft à l'influence de Defportes que Regnier dut d'être tonfuré d'auffi bonne heure. Cet oncle, le plus protégé & le plus protecteur des poëtes, rêvait pour fon neveu la carrière qu'il avait lui-même parcourue. Tout alla bien d'abord, &, quelques années après, Regnier obtint, malgré la compétition frauduleufe de Vialard, un canonicat dans l'églife de Notre-Dame de Chartres. Plus tard encore, en 1593, quand le cardinal de Joyeufe partit pour Rome, Defportes, lancé dans la politique & l'un des confeillers intimes de la royauté, fit attacher fon neveu à la perfonne du nouvel ambaffadeur. Mais les intrigues diplomatiques n'étaient pas le propre de Regnier. Tandis que fon oncle excellait à réfoudre des queftions de cabinet, à fervir d'arbitre entre les partis, à flatter les grands & à groffir fes bénéfices, Regnier s'abandonnait à fon humeur infouciante & libertine, étudiait les poëtes berniefques, le Mauro, fe liait peut-être avec le Caporali, *comme lui chanoine & secrétaire de cardinal. Au bout de huit ans, n'ayant rien tiré de la munificence du prélat qu'il avait accompagné, Regnier revint à Paris. Là, Desportes, rallié à Henri IV & toujours influent, lui ménagea la protection du frère de Sully, Philippe de Béthune, avec lequel il reprit le chemin de l'Italie. Mais cette fois son séjour à Rome dura peu. Malgré la bienveillance de son maître, rebuté bientôt par les difficultés d'une carrière opposée à ses goûts, rappelé en France par les amis qu'il y avait laissés, préférant l'indulgente hospitalité de Desportes à une existence sans but en pays étranger, il vint se fixer à Paris. Quoiqu'il eût trompé toutes les prévisions de son oncle, il n'en fut pas moins bien accueilli. Son originalité, sa réputation de bien disant, reconnues de tout le monde, flattaient Desportes & charmaient l'entourage du vieux poëte. Rapin trouvait en lui le souffle de la Satyre Ménippée. Bertaut admirait dans les vers de Regnier la couleur & la force dont ses propres poésies étaient dépourvues. Enfin Malherbe, qui n'était pas encore un ennemi, faisait grand cas du jeune poëte. Desportes se consolait ainsi des insuccès diplomatiques de son neveu. Il l'avait pris* pour secrétaire, & cet emploi ne consistait guère qu'à juger des vers sur lesquels maint parasite venait solliciter l'avis de l'abbé de Tiron. L'anecdote suivante, rapportée par Tallemant, montrera comment Regnier s'acquittait de sa mission, & comment aussi, durant son séjour en Italie, il devait traiter les affaires d'ambassade.

« Desportes estoit en si grande réputation, que tout le monde luy apportoit des ouvrages pour en avoir son sentiment. Un advocat luy apporta un jour un gros poëme qu'il donna à lire à Regnier, afin de se deslivrer de cette fatigue. En un endroit cet advocat disoit :

Ie bride icy mon Apollon.

« Regnier escrivit à la marge :

Faut auoir le cerueau bien vide
Pour brider des Muses le Roy ;
Les Dieux ne portent point de bride,
Mais bien les asnes comme toy.

« Cet advocat vint à quelque temps de là, & Desportes luy rendit son livre, après luy avoir dit qu'il y avoit de bien belles choses.

L'advocat revint le lendemain, tout bouffy de colère, &, luy montrant ce quatrain, luy dit qu'on ne se mocquoit pas ainsy des gens. Desportes reconnoist l'escriture de Regnier, & il fut contraint d'avouer à l'advocat comme la chose s'estoit passée, & le pria de ne luy point imputer l'extravagance de son nepveu. »

Ce fut vers 1605 qu'éclata la rupture de Desportes & de Malherbe. Regnier prit parti pour son oncle; mais il se vengea en même temps des critiques brutales qu'il avait souffertes. Lui aussi avait été maltraité par Malherbe, & il lui en tenait rigueur. Voici quelle fut, suivant Tallemant, la double cause de la querelle : « Malherbe avoit une aversion pour les figures poétiques, si ce n'estoit dans un poëme épique; & en lisant à Henry IVᵉ une élégie de Regnier, où il feint que la France s'éleva en l'air pour parler à Jupiter & se plaindre du miserable estat où elle estoit pendant la Ligue, il demandoit à Regnier en quel temps cela estoit arrivé? Qu'il avoit demeuré tousjours en France depuis cinquante ans, & qu'il ne s'estoit point aperceu qu'elle se fust enlevée hors de sa place.

« Sa conversation estoit brusque : il parloit peu, mais il ne difoit mot qui ne portaft. Quelquefois mefme il eftoit ruftre & incivil, tefmoin ce qu'il fit à Defportes. Regnier l'avoit mené difner chez fon oncle ; ils trouvèrent qu'on avoit desjà fervy. Defportes le receut avec toute la civilité imaginable, & luy dit qu'il luy vouloit donner un exemplaire de fes Pfeaumes, qu'il venoit de faire imprimer. En difant cela, il fe met en devoir de monter à fon cabinet pour l'aller querir. Malherbe luy dit ruftiquement qu'il les avoit desja veues, que cela ne meritoit pas qu'il prift la peine de remonter, & que fon potage valloit mieux que fes Pfeaumes. Il ne laiffa pas de difner, mais fans dire mot, & après difner ils fe feparerent & ne fe font pas veus depuis. Cela le brouilla avec tous les amys de Defportes, & Regnier, qui eftoit fon amy & qu'il eftimoit pour le genre fatyrique à l'efgal des anciens, fit une fatyre contre luy qui commence ainfi :

« Rapin, le favory, etc. »

Cette rupture eut un grand retentiffement. Il eft même probable qu'elle amena entre Regnier & Maynard un duel dont le récit fe trouve dans les Hiftoriettes. Maynard était un des difciples favoris de Malherbe, & un faifeur d'épigrammes. A ce double titre, il a dû combattre en faveur de son maître & blesser Desportes ou Regnier, qui tous deux n'offraient que trop de prise à la raillerie. Quoi qu'il en soit, « Regnier le satirique, mal satisfait de Maynard, le vient appeler en duel qu'il estoit encore au lit; Maynard en fut si surpris & si esperdu qu'il ne pouvoit trouver par où mettre son haut de chausses. Il a avoué depuis qu'il fut trois heures à s'habiller. Durant ce temps-là, Maynard avertit le comte de Clermont-Lodeve de les venir séparer quand ils seroient sur le pré. Les voylà au rendez-vous. Le comte s'estoit caché. Maynard allongeoit tant qu'il pouvoit; tantost il soustenoit qu'une espée estoit plus courte que l'autre; il fut une heure à tirer ses bottes; les chausons estoient trop estroits. Le comte rioit comme un fou. Enfin le comte paroist. Maynard pourtant ne put dissimuler : il dit à Regnier qu'il luy demandoit pardon; mais au comte il luy fit des reproches, & luy dit que pour peu qu'ils eussent esté gens de cœur, ils eussent eu le loisir de se couper cent fois la gorge. »

Desportes ne survécut guère à tous ces débats. Il mourut en 1606, & ne laissa rien à Regnier. Son testament, récemment découvert par MM. Chaſſant & Bréauté dans les archives de Pont-de-l'Arche, ne mentionne même pas le nom de ſon neveu. Il crut avoir aſſez montré de bienveillance pour Regnier en lui accordant l'accueil dont il était prodigue vis-à-vis de tous les beaux-eſprits. Toutefois, avant de condamner Deſportes, il faut ſe rappeler qu'il avait longtemps uſé ſon crédit à ſoutenir Regnier & qu'il en avait attendu vainement quelque heureux réſultat. Un an après la mort de ſon oncle, Regnier obtint du Roi, par l'entremiſe du maréchal d'Eſtrées, une penſion de 2,000 livres, Tallemant dit 5,000, ſur l'abbaye de Vaux-de-Cernay, qui avait appartenu à Deſportes. L'époque à laquelle cette faveur fut accordée réſulte de la première ſtrophe d'une ode ſatirique qui porte la date de 1607, ſur le manuſcrit 4725, ſupplément français de la Bibliothèque impériale, cité par M. de Barthélemy, & qui parut en 1609 dans les Muſes gaillardes, ſous le titre de Combat de Barnier & de Matelot, poëtes ſatyriques. Si maintenant l'on rapproche de ces indications les termes de l'épître liminaire placée en tête de la première édition des Satyres de Regnier, il n'y a plus de doute poſſible à ce ſujet. Le poëte publia ses œuvres & les dédia au Roi pour lui témoigner sa reconnaissance. En 1609 Regnier se rendit à Chartres pour prendre possession du canonicat qui lui avait été dévolu. Depuis deux ans, Philippe Hurault de Chiverny était évêque de cette ville. Entouré d'une cour de poëtes, parmi lesquels, suivant M. Jannet, figuraient Jourdain, Baïf le fils, Regnesson & Dameron, ce prélat, qui était en même temps abbé de Royaumont près Paris, admit Regnier dans son intimité. Leur amitié devint même tellement étroite qu'en mourant le poëte chartrain put manifester le désir d'être enterré à Royaumont, & ce vœu fut religieusement accompli.

Toutes les œuvres de Regnier ne sont point parvenues jusqu'à nous. D'après Rosteau, les vers & les inscriptions composés par lui pour l'entrée solennelle de Marie de Médicis dans Paris ont été supprimés, la mort d'Henry IV ayant détruit ces projets de fête. Nous n'avons ni les chansons de la jeunesse du poëte, écrites à Chartres, au grand mécontentement de son père, ni celles qu'il a faites plus tard pour l'amusement du comte de Béthune,

Dessus les bords du Tibre & du mont Palatin.

Il y a plus, les poéfies libres publiées du vivant de Regnier ne portent pas fon nom. Ainfi le Difcours d'une vieille Maquerelle, *les* Stances fur les Divins oifeaux, *ont paru en 1609, dans les* Mufes gaillardes, *fans attribution d'auteur, & ce recueil doit contenir d'autres morceaux de Regnier également anonymes. Ici nous apparaît une phafe particulière de la vie du poëte, phafe fur laquelle notre hiftoire littéraire, avec fes réticences de roman vertueux, a cru devoir garder la plus grande réferve. Regnier était un audacieux railleur, dont les bons mots étaient cités comme d'excellents remèdes contre l'humeur mélancolique. Il appartenait à une pléiade fatirique pleine de turbulence & de hardieffe, qui s'était formée dans les luttes de la Ligue contre la royauté & qui plus tard combattra fes miniftres, Concini, de Luynes, & fe déchaînera contre Mazarin. Au moment précis dont nous nous occupons, pendant le règne conciliateur du Béarnais, elle s'eft adoucie & fes attaques ne portent que fur les ambitieux grotefques, les perfonnages ridicules & les dames galantes. Un fixain de d'Efternod nous indique le fort réfervé à ces victimes des fatiriques & nous donne en même temps la lifte de ces derniers :*

> Regnier, Bertelot & Sigongne,
> Et dedans l'hoſtel de Bourgongne
> Vautret, Valeran & Gaſteau,
> Jean Farine, Gautier Garguille,
> Et Gringalet & Bruſcambille
> En rimeront vn air nouueau.

Ainſi la ſatire eſt partout : pour le peuple, au théâtre; pour les grands, à la cour. C'eſt là en effet que nous trouvons Regnier, Sigognes, gouverneur de Dieppe, Bertelot, qui fut éloigné pour ſa mordante humeur, & Motin, dont Henri IV fit un traducteur de poéſies latines. Ces railleurs n'épargnaient même pas le roi. Sigognes, à l'occaſion du ſiége d'Amiens, gourmanda crûment le monarque trop occupé de galanteries. Bertelot ſe moque des amours de la vicomteſſe d'Auchy & de Malherbe. Beautru écrit L'Onoſandre *contre le bonhomme Montbazon. Auvray prépare ſes* Viſions de Polydor en la cité de Nizance, *dans leſquelles Gaſton d'Orléans eſt préſenté comme un autre Henri III. Courval-Sonnet, dans de lourdes ſatires, attaque les financiers & déſigne à la colère publique, par la tranſparence de ſes alluſions, les traitants qu'il ne nomme pas. Plus haut que tous, les ayant précédés, les dépaſſant par ſon âpre indignation, d'Au-*

bigné prend part à la lutte & il jette à ses
ennemis le Baron de Fœneste, la Confession
de Sancy, & les Tragiques. Dans cette mêlée
ardente, Regnier est à son poste. Il écrit ses
satires, & il ajoute à ces poésies des pièces
plus libres aujourd'hui perdues.

La critique passe avec trop de rapidité sur
ces phases belliqueuses de notre histoire littéraire. Elle feint d'oublier que le développement
des idées & le progrès de la langue sont dûs
aux œuvres de violence aussi bien qu'aux
tranquilles conceptions de l'esprit. Elle présente Regnier comme isolé alors qu'un groupe
turbulent s'agitait autour de lui. Elle le montre enfin comme un imitateur de talent alors
qu'il est un observateur de génie.

Parmi les satires qui ont porté au comble
la gloire de Regnier, il faut citer la trei-
zième, Macette, la Macette, comme on disait
alors. Cet admirable portrait d'une aïeule
de Tartuffe a captivé les esprits les plus
opposés, ceux qui recherchent comme ceux
qui repoussent de pareils tableaux. Inspirée
par une pièce de L'Escluse, poëte contem-
porain de Regnier, elle a fait oublier son
modèle & s'est maintenue au-dessus de toutes
les imitations qui ont été essayées sur le
même sujet & dans des termes presque iden-

tiques. En 1643 elle contribuait encore, pour beaucoup, à la vogue conſtante des œuvres du poëte chartrain, & le maître des Comptes Lhuillier, père de Chapelle, écrivait au grave mathématicien Bouillaud, chez M. de Thou : « Je vous prie de chercher ſur le Pont-Neuf, ou en la rue Saint-Jacques, ou au Palais, les Satyres ; elles ſe vendent imprimées ſeules, in-8º. Ce ſont celles que j'aymerois le mieux ; mais je crains qu'elles ne ſoient mal aiſées à trouver. Il y en a d'autres fort communes, imprimées avec un recueil d'aſſez mauvais vers & mal imprimées. A défault des autres, vous prendrés celles là s'il vous plaiſt & ſéparerés les Satyres, que vous m'envoirés dans un paquet tout comme vous les aurés tirées. Mais il y a encore à prendre garde qu'en une impreſſion ancienne la Macette manque, qui eſt la meilleure pièce & qui commence : La fameuſe Macette. » Cet extrait de la correſpondance de Lhuillier avec Bouillaud, donné par M. Paulin Paris dans le quatrième volume de ſon édition de Tallemant, eſt doublement précieux. Il nous montre à quel degré de rareté étaient déjà parvenues, trente ans après la mort de Regnier, les éditions originales des Satires.

Là, toutefois, ne ſe bornent pas les témoignages de faveur prodigués à la fameuse Macette. Dans le Mercure de France du mois de septembre 1694, le lecteur trouvera un article sur cette pièce qui n'était certes plus d'une bien grande nouveauté. Après avoir signalé quelque trait de ressemblance de Macette avec la Dipsas du premier livre des Amours d'Ovide, le rédacteur du Mercure n'hésite pas à mettre Regnier au niveau du poëte latin. Tous ces suffrages sont à joindre à ceux qui ont été recueillis dans le P. Garasse, Boileau, Mlle de Scudéry & Montesquieu. Ils ont sans doute moins de valeur, mais ils attestent l'unanimité d'admiration que Regnier a sû faire naître chez des esprits très-divers.

Tous les commentateurs ont noté avec soin les parties de l'œuvre de Regnier dans lesquelles le poëte s'est aidé de l'inspiration d'autrui. Horace a fourni le type de l'importun & du voluptueux (sat. VIII & XVI); Ovide a dépeint l'amant passionné (sat. VII, Elégie zélotypique); plus loin, avec Petrone, il a donné le tableau de l'impuissance. C'est à l'imitation des deux Capitoli du Mauro, in dishonor dell' honore & del dishonore, qu'est due la VIe satire, & la caricature du pédant à table (sat. X) est tirée du poëme *du Caporali,* del pedante. *Le* Discours *du sieur de l'Espine* (Nouveau Recueil des plus beaux vers de ce temps. Toussaincts du Bray, 1609) *a fait naître Macette, & les* Confidences *d'une vieille maquerelle sont prises dans la* Courtisane romaine, *de du Bellay.*

Regnier n'a rien à craindre de tous ces rapprochements, qui d'ailleurs sont incomplets, car, après avoir désigné les maîtres que le poëte s'est donnés, il est de toute justice de citer quelques-uns de ses imitateurs. Courval-Sonnet, dans Les Exercices de ce temps, *a écrit :* L'Ignorant, Le Cousinage & Le Débauché, *d'après les satires VIII, X & XI, que Brossette appelle* Le Fâcheux, Le Souper ridicule & Le Mauvais gîte. *D'Esternod a copié Macette dans la pièce de* L'Hypocrisie *d'une femme qui feignoit d'estre dévote. Le président du Lorens a pillé Regnier, tout en l'accablant d'injures. Vion Dalibray a fait une satire sur un importun & une épître sur l'intérêt. Dans l'une, il s'excuse de ne pouvoir surpasser le poëte chartrain, & dans l'autre, il lui emprunte plusieurs passages. Que dire maintenant de Boileau, qui a vécu dans l'étude & l'admiration de son devancier ? Ces indications,* quelque brèves qu'elles ſoient, montrent dans Regnier un poëte imitateur & un poëte imité; mais il n'a rien à perdre ſous ce double aſpect, puis qu'en définitive il reſte un maître, l'égal des plus grands pour le ſentiment & l'expreſſion du vrai.

Une analyſe critique des éditions ſucceſſives de l'œuvre de Regnier conduirait à plus d'une découverte. Si l'eſpace nous manque pour la tenter ici, qu'il nous ſoit du moins permis d'en ébaucher le plan. Tout d'abord, il y aurait à remettre en lumière l'édition de 1608, dont le texte eſt remarquablement pur, & dont l'orthographe atteſte dans les formes de la langue un mouvement que l'on ne retrouve plus dans les éditions poſtérieures. Bien que de 1608 à 1613, les éditions de Regnier portent le nom de Touſſainƈts du Bray, deux imprimeurs ont exécuté, l'un celle de 1608, & l'autre les ſuivantes. Comme indice en ce ſens, il faut remarquer ſur les fleurons de 1608 le nom de Gabriel Buon, & ſur la dernière page de 1609 celui de Pautonnier, imprimeur du roi ès lettres grecques. La différence d'orthographe de 1608 s'explique ainſi matériellement. De ſon côté, l'édition de 1613, que l'on croit avoir été donnée du vivant de Regnier, mérite de fixer l'attention. Le texte en est altéré & incomplet en plus d'un endroit. Il comprend en outre, avant le Discours au Roy, des pièces libres que l'auteur avait scrupuleusement écartées des réimpressions de son œuvre principale en 1609 & 1612. Enfin il entre dans ces poésies suspectes une pièce dont la paternité a été refusée à Regnier par les éditeurs du Cabinet Satyrique. Au nombre de ces derniers figure Anthoine Estoc qui, publiant en 1619 les Satyres de Regnier, laissa de côté, comme pour se conformer au sentiment du poëte, en 1609 & 1612, les pièces libres de l'édition de 1613. L'édition de 1616, à son tour, Paris, S. Thiboust, doit être examinée de près. Elle se divise en deux parties: la première, consacrée aux œuvres de Regnier; la seconde, comprenant des poésies de Sigognes, Motin, Touvent, Bertelot & autres des plus beaux esprits de ce temps. Le Discours au Roy, placé comme dans l'édition de 1613, établit une sorte de démarcation entre l'œuvre de Regnier & celle des beaux esprits jointe à la sienne. Il n'y a donc rien à prendre au delà comme étant de Regnier. Néanmoins, on tire habituellement de cette seconde partie, sans cause sérieuse qui en

*établiſſe l'authenticité, les épigrammes & les
ſtances commençant par ces vers :*

> Ieunes eſprits qui ne pouuez comprendre.
> Hélas ! ma ſœur, ma mie, i'en mourrois.
> Ce diſoit vne ieune dame.
> Margot s'endormit ſur vn lict.
> Par vn matin vne fille eſcoutoit.
> Vn bon vieillard qui n'auoit que le bec.
> Vn galland le fit & le refit
> Vn médecin bruſque & gaillard.
> Puiſque ſept pechés de nos yeux.

L'édition dont il s'agit offre encore une particularité. Elle a ſervi de modèle à celles qui ont paru de 1616 à 1645, à cette différence près que les pièces libres des beaux eſprits s'éclairciſſent à chaque réimpreſſion, par la volonté de la cenſure. Ainſi, en 1635 (Paris, N. & J. de la Coſte), ces pièces, qui s'élevaient primitivement à ſoixante & onze, ſont réduites à trente-cinq.

Les Elzeviers ont donné deux éditions de Regnier : Paris, à la Sphère, ſelon la copie, 1642; & Leiden, J. & D. Elzevier, 1652. La première comprend la Plainte *&* l'Ode, *publiées en 1611 par Raphael du Petit Val, dans le* Temple d'Apollon. *La ſeconde préſente en outre deux ſatires, une élégie, un dialogue & des vers ſpirituels* que l'on trouvera plus loin (pages 209 à 249). A ces poéſies, tirées on ne ſait d'où[1] encore, ſont jointes les Louanges de Macette, pièce apocryphe dont il eſt ſans utilité de ſurcharger l'œuvre poſthume de Regnier. Mais tous ces accroiſſements ne conſtituent point les ſeuls titres des Elzeviers à la reconnaiſſance du lecteur. Ils ont revu & corrigé le texte des ſatires, obéiſſant à un double eſprit de retour aux leçons originales & d'éclairciſſement des paſſages obſcurs. Dans cette dernière voie, ils ont commis d'étranges contre-ſens. Pour n'en citer que deux : parler livre eſt devenu, ſous leurs preſſes, parler librement ; hargneuſe a été remplacé par honteuſe. Malgré ces infidélités, l'œuvre des Elzeviers fut miſe à profit, & l'édition de 1652 fut reproduite juſqu'au commencement du XVIIIe ſiècle, comme celle de 1616 l'avait été pendant trente années. Parmi les reproductions les plus remarquables, il faut citer celles d'Edme Pepingué, Paris, 1655, & de Louis Billaine, Rouen & Paris, 1667.

Ici commence, dans l'hiſtoire bibliogra-

---

1. Quelques éditeurs de Regnier ont prétendu que ces pièces ſe trouvaient dans le *Cabinet ſatyrique* Cette aſſertion eſt inexacte.

phique des œuvres de Regnier, une nouvelle phase, celle des éditions avec notes, commentaires & éclaircissements. A proprement parler, il n'en existe qu'une, celle de Brossette (Lyon & Woodman, 1729), qui a successivement servi de modèle à Viollet Le Duc & à MM. P. Poitevin & E. de Barthélemy. L'édition de 1733 (Londres, Jacob Tonson), attribuée à Lenglet Du Fresnoy, doit être restituée à Brossette. A chaque page de ce livre, trop vite accepté comme une œuvre nouvelle, l'auteur se reporte à sa précédente édition. Il regrette surtout de n'avoir pas connu plus tôt le Cabinet Satyrique, dont il tire des pièces inédites. Brossette, dans son examen comparatif des diverses éditions de Regnier, ne paraît pas avoir connu celle de 1609. En outre, il abandonne souvent la leçon originale pour une variante sans autorité. Viollet Le Duc a révisé & amendé le travail de Brossette en plusieurs endroits. Il a, de plus, accru l'œuvre de Regnier de morceaux empruntés au Parnasse Satyrique. Dans cette voie d'augmentations, M. de Barthélemy, séduit par les indications d'un manuscrit de la Bibliothèque impériale, n° 12491, fonds français, a grossi son édition (Paris, Poulet-Malaſſis, 1862) *de trente-deux morceaux inédits. La plupart de ces poéſies n'offrant aucune authenticité, il eſt difficile d'attribuer quelque valeur à celles qui reſtent. M. Jannet (page 21 de la préface de ſon édition) a fait reſſortir de pluſieurs de ces pièces la preuve qu'elles n'étaient pas de Regnier. On pourrait encore ajouter à ses obſervations, notamment en ce qui concerne la ſatire contre le maréchal d'Ancre, à la date de 1613 :*

Sortez du Louvre & de la Cour.

Mais ſi M. de Barthélemy a manqué de défiance devant le manuſcrit de la Bibliothèque impériale, M. Lacour en a montré beaucoup vis-à-vis de ſes prédéceſſeurs, car il a écarté de ſon édition (Paris, Jouauſt, 1867) les trois pièces réunies pour la première fois à l'œuvre principale de Regnier par Viollet Le Duc. Une pareille ſuppreſſion entraînait d'abord celle des morceaux empruntés au Cabinet Satyrique. *Elle conſtituait enſuite une innovation aſſez importante pour être accompagnée de quelques explications.*

En dehors des éditeurs de Regnier, un

érudit, très-versé dans la connaissance de notre vieille littérature, M. Tricotel, a, par un article inséré au Bulletin du Bouquiniste, du 15 juin 1860, signalé l'existence de neuf pièces portant le nom du poëte chartrain, dans deux rarissimes recueils du commencement du XVIIe siècle. Quatre de ces morceaux ont leur place à la fin des œuvres posthumes de Regnier. Pour les autres, que leur crudité ne permet pas de rapporter, voici l'indication des ouvrages où ils se trouvent, avec le titre ou le premier vers sous lesquels on peut les découvrir.

Recveil des plvs excellens vers satyriqves de ce temps. *Paris, Ant. Estoc*, 1617;

Dialogue de l'âme de Villebroche parlant à deux courtisanes, une des Marets du Temple, & l'autre de l'Isle du Palais;

Dialogue de Perrette parlant à la divine Macette;

Délices Satyriques. *Paris, A. de Sommaville*, 1620;

Stances :

 Ie ne suis pas prest de me rendre;

Contre une vieille Courtisane :

 Encor que ton teint soit desteint;

Epigramme :

    Ieanne, vous deguifez en vain.

Les deux dialogues ont également paru dans le Cabinet Satyrique *fous le nom de Sigognes. Ils fe rencontrent encore dans les dernières éditions des* Bigarrures *d'Eſt. Tabourot. Quant aux trois dernières pièces, elles ont été publiées dans le* Parnaſſe Satyrique.

Avant de terminer cette notice, je dois remercier ici de l'appui qu'ils ont bien voulu me prêter, MM. Marty-Laveaux & Tricotel. Ils m'ont donné de précieuſes indications. M. Henri Cherrier m'a communiqué, avec un obligeant empreſſement, ſes notes & les exemplaires les plus beaux & les plus rares de ſa riche collection des éditions de Regnier. Enfin, M. Royer m'a apporté ſon concours, je puis dire ſon contrôle, pour la collation du texte.

                                   E. COURBET.

LES PREMIERES

OEVVRES DE M. REGNIER.

Verùm, vbi plura nitent in Carmine, non ego paucis
Offendar maculis.

EPITRE LIMINÉAIRE

AV ROY.

SIRE,

Ie m'eſtois iuſques icy reſolu de teſmoigner par le ſilence le reſpect que ie doy à voſtre Maieſté. Mais ce que l'on euſt tenu pour reuerence le ſeroit maintenant pour ingratitude, qu'il luy a pleu, me faiſant du bien, m'inſpirer auec vn deſir de vertu celuy de me rendre digne de l'aſpect du plus parfait & du plus victorieux Monarque du monde. On lit qu'en Etyopie il y auoit vne ſtatuë qui rendoit vn ſon armonieux toutes les fois que le Soleil leuant la regardoit. Ce meſme miracle (SIRE) auez vous faict en moy qui, touché de l'Aſtre de V. M., ay receu la voix & la parole. On ne trouuera donc eſtrange ſi, me reſſentant de cet honneur, ma Muſe prend la hardieſſe de ſe mettre à l'abri de vos Palmes, & ſi temerairement elle oſe vous offrir ce qui par droit eſt deſia voſtre, puis que vous l'auez fait naiſtre dans vn ſuiect qui n'eſt animé que de vous, & qui aura eternellement le cœur & la bouche ouuerte à vos loüanges, faiſant des vœus & des prieres continuelles à Dieu qu'il vous rende là haut dans le Ciel autant de biens que vous en faites çà bas en terre.

Voſtre tres-humble & tres-obeiſſant
& tres-obligé ſuiet & ſeruiteur

REGNIER.

ODE A REGNIER

SVR SES SATYRES.

Qui de nous se pourroit vanter
De n'estre point en seruitude?
Si l'heur le courage & l'estude
Ne nous en sçauroient exempter :
Si chacun languit abbatu
Serf de l'espoir qui l'importune,
Et si mesme on voit la vertu
Estre esclaue de la fortune.

L'vn se rend aux plus grands subiect,
Les grands le font à la contrainte,
L'autre aux douleurs, l'autre à la crainte,
Et l'autre à l'amoureux obiect :
Le monde est en captiuité,
Nous sommes tous serfs de nature,
Ou vifs de nostre volupté,
Ou morts de nostre sepulture.

Mais en ce temps de fiction
Et que ſes humeurs on deguiſe,
Temps où la ſerulle feintiſe
Se fait nommer diſcretion:
Chacun faiſant le reſerué,
Et de ſon plaiſir ſon Idole,
Regnier tu t'es bien conſerué
La liberté de la parole.

Ta libre & veritable voix
Monſtre ſi bien l'erreur des hommes,
Le vice du temps où nous ſommes,
Et le meſpris qu'on fait des loix:
Que ceux qu'il te plaiſt de toucher
Des poignants traits de ta Satyre,
S'ils n'auoient honte de pecher,
En auroient de te l'ouïr dire.

Pleuſt à Dieu que tes vers ſi doux
Contraires à ceux de Tyrtée
Flechiſſent l'audace indontée,
Qui met nos Guerriers en couroux:
Alors que la ieune chaleur
Ardents au dûel les fait eſtre,
Expoſant leur forte valeur,
Dont ils deburoient ſeruir leur maiſtre.

Flatte leurs cœurs trop valeureux,
Et d'autres deſſeins leur imprimes,

Laisses là les faiseurs de rymes,
Qui ne sont iamais malheureux :
Sinon quand leur temerité
Se feint vn merite si rare,
Que leur espoir precipité
A la fin deuient vn Icare.

Si l'vn d'eux te vouloit blasmer
Par coustume ou par ignorance,
Ce ne seroit qu'en esperance
De s'en faire plus estimer.
Mais alors d'vn vers menaçant
Tu luy ferois voir que ta plume
Est celle d'vn Aigle puissant,
Qui celles des autres consume.

Romprois-tu pour eux l'union
De la Muse & de ton genie,
Asseruy soubs la tyrannie
De leur commune opinion ?
Croy plustost que iamais les Cieux
Ne regarderent fauorables
L'enuie, & que les enuieux
Sont tousiours les plus miserables.

N'escry point pour vn foible honneur,
Tasche seulement de te plaire,
On est moins prisé du vulgaire
Par merite que par bon-heur.

Mais garde que le iugement
D'vn infolent te face blefme:
Ou tu deuiendras autrement
Le propre Tyran de toy-mefme.

Regnier la loüange n'eſt rien,
Des faueurs elle a fa naiſſance,
N'eſtant point en noſtre puiſſance,
Ie ne la puis nommer vn bien.
Fuy donc la gloire qui deçoit
La vaine & credule perſonne,
Et n'eſt pas à qui la reçoit,
Elle eſt à celuy qui la donne.

Motin.

Difficile eſt Satyram non ſcribere.

Discours au Roy.

Satyre I.

Puiſſant Roy des François, Aſtre viuant de Mars,
Dont le iuſte labeur ſurmontant les hazards,
Fait voir par ſa vertu que la grandeur de France
Ne pouuoit ſuccomber ſous vne autre vaillance :
Vray fils de la valeur de tes peres, qui ſont
Ombragez des lauriers qui couronnent leur front,
Et qui depuis mile ans indomtables en guerre
Furent tranſmis du Ciel pour gouuerner la terre,
Attendant qu'à ton rang ton courage t'euſt mis,
En leur Troſne eleué deſſus tes ennemis :
Iamais autre que toy n'euſt auecque prudence
Vaincu de ton ſuiect l'ingrate outrecuidance
Et ne l'euſt comme toy du danger preſerué :
Car eſtant ce miracle à toy ſeul reſerué,
Comme au Dieu du païs, en ſes deſſeins pariures
Tu fais que tes bontez excedent ſes iniures.
  Or apres tant d'exploits finis heureuſement,
Laiſſant aus cœurs des tiens, comme vn vif monument

Auecques ta valeur ta clemence viuante,
Dedans l'Eternité de la race fuiuante,
Puiffe tu comme Augufte admirable en tes faicts
Rouler tes iours heureux en vne heureufe paix,
Ores que la Iuftice icy bas defcenduë
Aus petis, comme aux grands, par tes mains eft renduë,
Que fans peur du larron trafique le marchant,
Que l'innocent ne tombe aux aguets du mefchant,
Et que de ta Couronne en palmes fi fertille
Le miel abondamment & la manne diftille,
Comme des chefnes vieux aus iours du fiecle d'or,
Qui renaiffant fous toy reuerdiffent encor.
 Auiourd'huy que ton fils imitant ton courage,
Nous rend de fa valeur vn fi grand tefmoignage
Que Ieune de fes mains la rage il deconfit,
Eftoufant les ferpens ainfi qu'Hercule fit,
Et domtant la difcorde à la gueule fanglante
D'impieté, d'horreur, encore fremiffante,
Il luy trouffe les bras de meurtres entachez,
De cent chaifnes d'acier fur le dos attachez,
Sous des monceaux de fer dans fes armes l'enterre,
Et ferme pour iamais le temple de la guerre,
Faifant voir clairement par fes faits triomphans,
Que les Roys & les Dieux ne font iamais enfans.
 Si bien que s'efleuant fous ta grandeur profpere,
Genereux heritier d'vn fi genereux pere,
Comblant les bons d'amour & les mefchans d'effroy,
Il fe rend au berceau defia digne de toy.
 Mais c'eft mal contenter mon humeur frenetique,

Paſſer de la Satyre en vn panegyrique,
Où molement diſert ſous vn ſuiet ſi grand
Des le premier eſſay mon courage ſe rend.
Auſſi plus grand qu'Enée, & plus vaillant qu'Achille
Tu ſurpaſſes l'eſprit d'Homere, & de Virgille,
Qui leurs vers à ton los ne peuuent egaller,
Bien que maiſtres paſſez en l'art de bien parler.
Et quand i'egalerois ma Muſe à ton merite,
Toute extreme loüange eſt pour toy trop petite
Ne pouuant le fini ioindre l'infinité :
Et c'eſt aus mieux diſans vne temerité
De parler où le Ciel diſcourt par tes oracles,
Et ne ſe taire pas où parlent tes miracles,
Où tout le monde entier ne bruit que tes proiets,
Où ta bonté diſcourt au bien de tes ſuiets,
Où noſtre aiſe, & la paix, ta vaillance publie,
Où le diſcord étaint, & la loy retablie,
Annoncent ta Iuſtice, où le vice abatu
Semble en ſes pleurs chanter vn hymne à ta vertu.
 Dans le Temple de Delphe, où Phœbus on reuere,
Phœbus Roy des chanſons, & des Muſes le pere,
Au plus haut de l'Autel ſe voit vn laurier ſainct,
Qui ſa perruque blonde en guirlandes etraint,
Que nul preſtre du Temple en ieuneſſe ne touche,
Ny meſme prediſant ne le maſche en la bouche,
Choſe permiſe aus vieus de ſainct zelle enflamez
Qui ſe font par ſeruice en ce lieu confirmez
Deuots à ſon miſtere, & de qui la poictrine
Eſt plaine de l'ardeur de ſa verue diuine.

Par ainfi tout efprit n'eft propre à tout fuiet,
L'œil foible s'efblouit en vn luifant obiet,
De tout bois comme on dict Mercure on ne façonne,
Et toute medecine à tout mal n'eft pas bonne.
De mefme le laurier, & la palme des Roys
N'eft vn arbre où chacun puiffe mettre les doigs,
Ioint que ta vertu paffe en loüange feconde
Tous les Roys qui feront, & qui furent au monde.

 Il fe faut recognoiftre, il fe faut effayer,
Se fonder, s'exercer auant que s'employer
Comme fait vn Luiteur entrant dedans l'aréne,
Qui fe tordant les bras tout en foy fe deméne,
S'alonge, s'acourfit, fes mufcles eftendant,
Et ferme fur fes pieds s'exerce en attendant
Que fon ennemy vienne, eftimant que la gloire
Ia riante en fon cœur luy don'ra la victoire.

Il faut faire de mefme vn œuure entreprenant,
Iuger comme au fuiet l'efprit eft conuenant,
Et quand on fe fent ferme, & d'vne aifle affez forte
Laiffer aller la plume où la verue l'emporte.

 Mais, SIRE, c'eft vn vol bien efleué pour ceux
Qui foibles d'exercice, & d'efprit pareffeux
Enorgueillis d'audace en leur barbe premiere
Chanterent ta valeur d'vne façon groffiere
Trahiffant tes honneurs auecq' la vanité
D'attenter par ta gloire à l'immortalité.
Pour moy plus retenu la raifon m'a faict craindre
N'ofant fuiure vn fuiet où l'on ne peut attaindre,
I'imite les Romains encore ieunes d'ans,

SATYRE I.

A qui l'on permetoit d'accufer impudans
Les plus vieus de l'eftat, de reprendre, & de dire
Ce qu'ils penfoient feruir pour le bien de l'Empire.
 Et comme la ieuneffe eft viue, & fans repos,
Sans peur, fans fiction, & libre en fes propos,
Il femble qu'on luy doit permetre dauantage,
Auffi que les vertus floriffent en ceft age
Qu'on doit laiffer meurir fans beaucoup de rigueur,
Affin que tout à l'aife elles prenent vigueur.
 C'eft ce qui m'a contraint de librement efcrire
Et fans piquer au vif me mettre à la Satyre
Où pouffé du caprice, ainfi que d'vn grand vent,
Ie vais haut dedans l'air quelquefois m'efleuant,
Et quelque fois auffi quand la fougue me quitte
Du plus haut, au plus bas, mon vers fe precipitte
Selon que du fuget touché diuerfement
Les vers à mon difcours s'offrent facillement :
Auffi que la Satyre eft comme vne prairie
Qui n'eft belle finon qu'en fa bifarrerie
Et comme vn pot pouri des freres mandians,
Elle forme fon gouft de cent ingredians.
 Or grand Roy dont la gloire en la terre efpanduë
Dans vn deffein fi haut rend ma Mufe éperduë,
Ainfi que l'œil humain le Soleil ne peut voir
L'efclat de tes vertus offufque tout fçauoir,
Si bien que ie ne fçay qui me rend plus coupable,
Ou de dire fi peu d'vn fuiet fi capable,
Ou la honte que i'ay d'eftre fi mal apris,
Ou la temerité de l'auoir entrepris.

Mais quoy, par ta bonté qui tout autre surpasse
I'espere du pardon auecque ceste grace
Que tu liras ces vers, où ieune ie m'ébas
Pour esgayer ma force, ainsi qu'en ces combas
De fleurets on s'exerce, & dans vne barriere
Aus pages l'on reueille vne adresse guerriere
Follement courageuse affin qu'en passetans
Vn labeur vertueus anime leur printans,
Que leur corps se desnoüe, & se desangourdisse
Pour estre plus adroit à te faire seruice.
Aussi ie fais de mesme en ces caprices fous :
Ie sonde ma portee, & me taste le pous
Affin que s'il aduient, comme vn iour ie l'espere.
Que Parnasse m'adopte, & se dise mon pere,
Emporté de ta gloire & de tes faicts guerriers
Ie plante mon lierre au pied de tes Lauriers.

A Monsieur le Comte de Caramain.

Satyre II.

Comte de qui l'esprit penetre l'Vniuers,
Soigneus de ma fortune, & facille à mes vers,
Cher soucy de la muse, & sa gloire future,
Dont l'aimable genie, & la douce nature
Faict voir inaccessible aus efforts medisans
Que Vertu n'est pas morte en tous les courtisans,
Bien que foible, & debille, & que mal recongnuë
Son Habit décousu la montre à demi nuë,
Qu'elle ait séche la chair, le corps amenuisé,
Et serue à contre-cœur le vice auctorisé,
Le vice qui Pompeus tout merite repousse,
Et va comme vn banquier en carosse & en housse.
Mais c'est trop sermoné de vice, & de vertu :
Il faut suiure vn sentier qui soit moins rebatu,
Et conduit d'Apollon recognoistre la trace
Du libre Iuuenal : trop discret est Horace
Pour vn homme piqué, ioint que la passion
Comme sans iugement, est sans discretion :
Cependant il vaut mieux sucrer nostre moutarde :
L'homme pour vn caprice est sot qui se hazarde.
   Ignorez donc l'auteur de ces vers incertains,
Et comme enfans trouuez qu'ils soient fils de putains.

Expofez en la ruë, à qui mefme la mere
Pour ne fe defcouurir faict plus mauuaife chere.
 Ce n'eft pas que ie croye en ces tans effrontez
Que mes vers foient fans pere, & ne foient adoptez,
Et que ces rimaffeurs pour faindre vne abondance,
N'approuuent impuiffans vne fauce femance :
Comme noz citoyens de race defireux
Qui bercent les enfans qui ne font pas à eus.
Ainfi tirant profit d'vne fauce doctrine,
S'ils en font accufez ils feront bonne mine,
Et voudront le niant qu'on life fur leur front
S'il fe fait vn bon vers que c'eft eus qui le font,
Ialous d'vn fot honneur, d'vne batarde gloire,
Comme gens entenduz s'en veullent faire accroire,
A faus titre infolens, & fans fruict hazardeus,
Piffent au beneftier affin qu'on parle d'eus.
 Or auecq' tout cecy le point qui me confole
C'eft que la pauureté comme moy les affolle,
Et que la grace à Dieu Phœbus & fon troupeau
Nous n'eufmes fur le dos iamais vn bon manteau.
Auffi lors que l'on voit vn homme par la ruë,
Dont le rabat eft fale, & la chauffe rompuë,
Ses gregues aus genous, au coude fon pourpoint,
Qui foit de pauure mine, & qui foit mal en point,
Sans demander fon nom on le peut recognoiftre,
Car fi ce n'eft vn Poëte au moins il le veut eftre.
Pour moy fi mon habit par tout cycatrifé
Ne me rendoit du peuple & des grands mefprifé,
Ie prendrois patience, & parmy la mifere

SATYRE II.

Ie trouuerois du gouſt, mais ce qui doit deplaire
A l'homme de courage, & d'eſprit releué,
C'eſt qu'vn chacun le fuit ainſi qu'vn reprouué,
Car en quelque façon, les malheurs ſont propices,
Puis les gueus en gueuſant trouuent maintes delices,
Vn repos qui s'egaye en quelque oyſiueté.
Mais ie ne puis patir de me voir reietté;
C'eſt donc pourquoy ſi ieune abandonnant la France
I'allay vif de courage, & tout chaud d'eſperance
En la cour d'vn Prelat, qu'auecq' mille dangers
I'ay ſuiuy courtiſan aux païs eſtrangers.
I'ay changé mon humeur, alteré ma nature,
I'ay beu chaud, mangé froid, i'ay couché ſur la dure
Ie l'ay ſans le quitter à toute heure ſuiuy,
Donnant ma liberté ie me ſuis aſſeruy,
En publiq' à l'Egliſe, à la chambre, à la table,
Et penſe auoir eſté maintefois agreable.

Mais inſtruict par le temps à la fin i'ay cogneu
Que la fidelité n'eſt pas grand reuenu,
Et qu'à mon tans perdu ſans nulle autre eſperance
L'honneur d'eſtre ſuiect tient lieu de recompanſe,
N'ayant autre intereſt de dix ans ia paſſez
Sinon que ſans regret ie les ay deſpenſez.
Puis ie ſçay quant à luy qu'il a l'ame Royalle,
Et qu'il eſt de Nature & d'humeur liberalle.
Mais, ma foy, tout ſon bien enrichir ne me peut,
Ny domter mon malheur ſi le ciel ne le veut.
C'eſt pourquoy ſans me plaindre en ma deconuenuë
Le malheur qui me ſuit ma foy ne diminuë,

Et rebuté du fort ie m'afferui pourtant,
Et fans eftre auancé ie demeure contant
Sçachant bien que fortune eft ainfi qu'vne louue
Qui fans chois s'abandonne au plus laid qu'elle trouue ;
Qui releue vn pedant, de nouueau baptifé,
Et qui par fes larcins fe rend authorifé ;
Qui le vice ennoblit, & qui tout au contraire
Raualant la vertu la confinne en mifere.
Et puis ie m'iray plaindre apres ces gens icy ?
Non ; l'exèmple du temps n'augmante mon foucy.
Et bien qu'elle ne m'ait fa faueur departie
Ie n'entends quand à moy de la prendre à partie :
Puis que felon mon gouft fon infidelité
Ne donne, & n'ofte rien à la felicité.
Mais que veus tu qu'on faffe en cefte humeur aultere ?
Il m'eft comme aux putains mal aifé de me taire.
Il m'en faut difcourir de tort & de trauers,
Puis fouuent la colere engendre de bons vers.

 Mais, Conte, que fçait-on ? elle eft peut eftre fage,
Voire auecque raifon, inconftante, & volage,
Et Déeffe auifée aux biens qu'elle depart
Les adiuge au merite, & non point au hazard.
Puis l'on voit de fon œil, l'on iuge de fa tefte,
Et chacun à fon dire a droit en fa requefte :
Car l'amour de foy-mefme, & noftre affection.
Adioufte auec vfure à la perfection.
Toufiours le fond du fac ne vient en euidence,
Et bien fouuent l'effet contredit l'apparance,
De Socrate à ce point l'arreft eft mi-party,

SATYRE II.

Et ne fçait on au vray qui des deux a menty,
Et fi philofophant le ieune Alcibiade
Comme fon Cheualier en reçeut l'accolade.
   Il n'eft à decider rien de fi mal-aifé,
Que fous vn fainct habit le vice deguifé.
Par ainfi i'ay doncq' tort, & ne doy pas me plaindre,
Ne pouuant par merite autrement la contraindre
A me faire du bien, ny de me departir
Autre chofe à la fin finon qu'vn repentir.
   Mais quoy, qu'y feroit-on, puis qu'on ne s'ofe pendre?
Encor' faut-il auoir quelque chofe où fe prendre,
Qui flate en difcourant le mal que nous fentons.
Or laiffant tout cecy retourne à nos moutons,
Mufe, & fans varier dy nous quelques fornettes,
De tes enfans baftards ces tiercelets des Pœtes,
Qui par les carefours vont leurs vers grimaffans,
Qui par leurs actions font rire les paffans,
Et quand la faim les poind fe prenant fur le voftre
Comme les eftourneaux ils s'affament l'vn l'autre.
   Cepandant fans fouliers, ceinture, ny cordon,
L'œil farouche, & troublé, l'efprit à l'abandon,
Vous viennent acofter comme perfonnes yures,
Et difent pour bon-iour, Monfieur ie fais des liures,
On les vent au Palais, & les doctes du tans
A les lire amufez, n'ont autre paffetans.
   De là fans vous laiffer importuns ils vous fuiuent,
Vous alourdent de vers, d'alaigreffe vous priuent,
Vous parlent de fortune, & qu'il faut acquerir
Du credit, de l'honneur, auant que de mourir,

Mais que pour leur refpect l'ingrat fiecle où nous fommes,
Au pris de la vertu n'eftime point les hommes;
Que Ronfard, du Bellay viuants ont eu du bien,
Et que c'eft honte au Roy de ne leur donner rien :
Puis fans qu'on les conuie ainfi que venerables,
S'affieffent en Prelats les premiers à vos tables,
Où le caquet leur manque, & des dents difcourant
Semblent auoir des yeux regret au demourant.
 Or la table leuée ils curent la machoire :
Apres graces Dieu beut, ils demandent à boire,
Vous font vn fot difcours, puis au partir de là,
Vous difent, mais Monfieur, me donnez vous cela ?
C'eft toufiours le refrein qu'ils font à leur balade.
Pour moy ie n'en voy point que ie n'en fois malade,
I'en perds le fentiment du corps tout mutilé,
Et durant quelques iours i'en demeure opilé.
 Vn autre renfroingné, refueur, melancolique,
Grimaffant fon difcours femble auoir la colique,
Suant, crachant, touffant, penfant venir au point :
Parle fi finement que l'on ne l'entend point.
 Vn autre ambitieux pour les vers qu'il compofe,
Quelque bon benefice en l'efprit fe propofe,
Et deffus vn cheual comme vn finge attaché
Meditant vn fonnet, medite vne Euefché.
 Si quelqu'vn comme moy leurs ouurages n'eftime,
Il eft lourd, ignorant, il n'ayme point la rime,
Difficille, hargneux, de leur vertu ialoux,
Contraire en iugement au commun bruit de tous,
Que leur gloire il derobe, auecq' fes artifices.

Les Dames cependant fe fondent en delices
Lifant leurs beaux efcrits, & de iour, & de nuit
Les ont au cabinet fous le cheuet du lict,
Que portez à l'Eglife ils valent des matines,
Tant felon leurs difcours leurs œuures font diuines.

 Encore apres cela ils font enfants des Cieux,
Ils font iournellement caroufſe auecq' les Dieux :
Compagnons de Minerue, & confis en fcience,
Vn chacun d'eux penfe eftre vne lumiere en France.

 Ronfard fay-m'en raifon, & vous autres efprits
Que pour eftre viuans en mes vers ie n'efcris,
Pouuez vous endurer que ces rauques Cygalles
Egallent leurs chanfons à voz œuures Royalles,
Ayant voftre beau nom lachement dementy ?
Ha ! c'eft que noftre fiecle eft en tout peruerty :
Mais pourtant quelque efprit entre tant d'infolence
Sçait trier le fçauoir d'auecque l'ignorance,
Le naturel de l'art, & d'vn œil auifé
Voit qui de Calliope eft plus fauorifé.

 Iufte poftérité à tefmoing ie t'apelle,
Toy qui fans paffion, maintiens l'œuure immortelle,
Et qui felon l'efprit, la grace, & le fçauoir,
De race en race au peuple vn ouurage fais voir,
Vange cefte querelle, & iuftement fepare
Du Cigne d'Apollon la corneille barbare
Qui croaffant partout d'vn orgueil effronté
Ne couche de rien moins que l'immortalité.

 Mais Comte que fert-il d'en entrer en colere ?
Puifque le tans le veut nous n'y pouuons rien faire,

Il faut rire de tout, aussi bien ne peut-on
Changer chose en Virgile, ou bien l'autre en Platon.
 Quel plaisir penses-tu, que dans l'ame ie sente,
Quand l'vn de ceste troupe en audace insolente,
Vient à Vanues à pied, pour grimper au coupeau
Du Parnasse François, & boire de son eau,
Que froidement reçeu, on l'escoute à grand peine,
Que la Muse en groignant luy deffend sa fontaine,
Et se bouchant l'oreille au reçit de ses vers,
Tourne les yeux à gauche, & les lit de trauers,
Et pour fruit de sa peine aux grands vens dispersée,
Tous ses papiers seruir à la chaire percée?
 Mais comme eux ie suis Pœte, & sans discretion
Ie deuiens importun auecq' presomption.
 Il faut que la raison retienne le caprice,
Et que mon vers ne soit qu'ainsi qu'vn exercice,
Qui par le iugement doit estre limité
Selon que le requiert ou l'age, ou la santé.
 Ie ne sçay quel Demon m'a fait deuenir Pœte :
Ie n'ay comme ce Grecq des Dieux grand interprete
Dormy sur Helicon, où ces doctes mignons
Naissent en vne nuict comme les champignons,
Si ce n'est que ces iours allant à l'auanture
Resuant comme vn oyson qu'on mene à la pature,
A Vanues i'arriuay, où suiuant maint discours,
On me fit au iardin faire cinq ou six tours,
Et comme vn Conclauiste entre dans le conclaue,
Le sommelier me prit, & m'enferme en la caue,
Où beuuant, & mangeant ie fis mon coup d'essay,

Et où fi ie fçay rien, i'apris ce que ie fçay.

Voyla ce qui m'a fait & Poëte, & Satyrique,
Reglant la medifance à la façon antique.
Mais à ce que ie voy fympatifant d'humeur,
I'ay peur que tout à fait ie deuiendray rimeur,
I'entre fur ma loüange, & bouffi d'arrogance,
Si ie n'en ay l'efprit i'en auray l'infolence.
Mais retournons à nous, & fages deuenus
Soyons à leurs depens vn peu plus retenus.

Or Comte, pour finir ly doncq' cefte Satyre,
Et voy ceux de ce temps que ie pince fans rire,
Pendant qu'à ce printemps retournant à la cour
I'iray reuoir mon maiftre, & luy dire bon-iour.

A Monsieur le Marquis de Cœuures.

Satyre III.

Marquis, que doy-ie faire en cette incertitude ?
Doy-ie las de courir me remettre à l'estude,
Lire Homere, Aristote, & disciple nouueau
Glaner ce que les Greqs ont de riche, & de beau,
Reste de ces moissons que Ronsard, & Desportes,
Ont remporté du champ sur leurs espaules fortes,
Qu'ils ont comme leur propre en leur grange entassé,
Egallant leurs honneurs, aux honneurs du passé ?
Ou si continuant à courtiser mon maistre,
Ie me doy iusqu'au bout d'esperance repaistre,
Courtisan morfondu, frenetique, & resueur,
Portrait de la disgrace, & de la defaueur,
Puis sans auoir du bien, troublé de resuerie
Mourir dessus vn coffre en vne hostellerie,
En Toscane, en Sauoye, ou dans quelque autre lieu,
Sans pouuoir faire paix, ou trefue auecques Dieu.
Sans parler ie t'entends il faut suiure l'orage,
Aussi bien on ne peut où choisir auantage.
Nous viuons à tatons, & dans ce monde icy
Souuent auecq' trauail on poursuit du soucy :
Car les Dieux courroucéz contre la race humaine
Ont mis auecq' les biens la sueur, & la paine.

SATYRE III.

Le monde eſt vn berlan où tout eſt confondu :
Tel penſe auoir gaigné qui ſouuent a perdu
Ainſi qu'en vne blanque où par hazard on tire,
Et qui voudroit choiſir ſouuent prendroit le pire.
Tout depend du Deſtin, qui ſans auoir eſgard
Les faueurs, & les biens, en ce monde depart.

 Mais puis qu'il eſt ainſi que le ſort nous emporte,
Qui voudroit ſe bander contre vne loy ſi forte ?
Suiuons doncq' ſa conduite en ceſt aueuglement.
Qui peche auecq' le ciel peche honorablement.
Car penſer s'affranchir c'eſt vne reſuerie,
La liberté par ſonge en la terre eſt cherie :
Rien n'eſt libre en ce monde & chaſque homme depend
Comtes, Princes, Sultans, de quelque autre plus grand.
Tous les hommes viuans ſont icy bas eſclaues
Mais ſuiuant ce qu'ils ſont ils diferent d'entraues,
Les vns les portent d'or, & les autres de fer :
Mais n'en deplaiſe aux vieux, ny leur Philoſopher
Ny tant de beaux eſcrits qu'on lit en leurs eſcoles
Pour s'affranchir l'eſprit ne ſont que des paroles.

 Au ioug nous ſommes nez & n'a iamais eſté
Homme qu'on ayt veu viure en plaine liberté.

 En vain me retirant enclos en vne eſtude
Penſeroy-ie laiſſer le ioug de ſeruitude,
Eſtant ſerf du deſir d'aprendre, & de ſçauoir,
Ie ne ferois ſinon que changer de deuoir.
C'eſt l'arreſt de nature, & perſonne en ce monde
Ne ſçauroit controler ſa ſageſſe profonde.

 Puis que peut il ſeruir aux mortels icy bas

4

Marquis, d'eſtre ſçauant, ou de ne l'eſtre pas ?
Si la ſcience pauure, affreuſe eſt meſpriſée,
Sert au peuple de fable, aux plus grands de riſée ;
Si les gens de Latin des ſots ſont denigrez
Et ſi l'on eſt docteur ſans prendre ſes degrés.
Pourueu qu'on ſoit morguant, qu'on bride ſa mouſtache,
Qu'on friſe ſes cheueux, qu'on porte vn grand pannache,
Qu'on parle baragouin, & qu'on ſuiue le vent :
En ce temps du iourd'huy l'on n'eſt que trop ſçauant.

 Du ſiecle les mignons, fils de la poule blanche
Ils tiennent à leur gré la fortune en la manche,
En credit eſleuez ils diſpoſent de tout,
Et n'entreprennent rien qu'ils n'en viennent à bout.
Mais quoy, me diras tu, il t'en faut autant faire,
Qui oſe a peu ſouuent la fortune contraire :
Importune le Louure, & de iour, & de nuict,
Perds pour t'aſſugetir & la table, & le lict :
Sois entrant, effronté, & ſans ceſſe importune :
En ce temps l'impudance eleue la fortune.

 Il eſt vray, mais pourtant ie ne ſuis point d'auis
De degager mes iours pour les rendre aſſeruis,
Et ſous vn nouuel aſtre aller nouueau pilote
Conduire en autre mer mon nauire qui flote,
Entre l'eſpoir du bien, & la peur du danger
De froiſſer mon attente, en ce bord eſtranger.

 Car pour dire le vray c'eſt vn pays eſtrange,
Où comme vn vray Prothée à toute heure on ſe change,
Où les loys par reſpect ſages humainnement,
Confondent le loyer auecq' le chaſtiment,

Et pour vn mefme fait de mefme intelligence
L'vn eft iufticié, l'autre aura recompence.
 Car felon l'intereft, le credit, ou l'apuy
Le crime fe condamne, & s'abfout auiourd'huy.
Ie le dy fans confondre en ces aigres remarques
La clemence du Roy, le miroir des Monarques,
Qui plus grand de vertu, de cœur, & de renom,
S'eft acquis de Clement, & la gloire, & le nom.
 Or quant à ton confeil qu'à la cour ie m'engage,
Ie n'en ay pas l'efprit, non plus que le courage.
Il faut trop de fçauoir, & de ciuilité,
Et fi i'ofe en parler trop de fubtilité,
Ce n'eft pas mon humeur, ie fuis melancolique,
Ie ne fuis point entrant, ma façon eft ruftique,
Et le furnom de bon me va t on reprochant,
D'autant que ie n'ay pas l'efprit d'eftre mefchant.
 Et puis ie ne fçaurois me forcer ny me faindre,
Trop libre en volonté ie ne me puis contraindre.
Ie ne fçaurois flater, & ne fçay point comment
Il faut fe taire acort, ou parler faucement,
Benir les fauoris de gefte, & de parolles,
Parler de leurs ayeux au iour de Cerizolles,
Des hauts faicts de leur race, & comme ils ont acquis
Ce titre auecq' honneur de Ducs, & de Marquis.
 Ie n'ay point tant d'efprit pour tant de menterie,
Ie ne puis m'adonner à la cageollerie,
Selon les accidens, les humeurs ou les iours,
Changer comme d'habits tous les mois de difcours.
Suiuant mon naturel ie hay tout artifice,

Ie ne puis deguiſer la vertu, ny le vice,
Offrir tout de la bouche, & d'vn propos menteur,
Dire pardieu Monſieur ie vous ſuis ſeruiteur,
Pour cent bonadies s'arreſter en la ruë,
Faire ſus l'vn des pieds en la ſale la gruë,
Entendre vn mariollet qui dit auecq' meſpris
Ainſi qu'aſnes ces gens ſont tout veſtus de gris,
Ces autres verdelets aux peroquets reſſemblent,
Et ceux-cy mal peignez deuant les Dames tremblent,
Puis au partir de là comme tourne le vent
Auecques vn boniour amys comme deuant.

 Ie n'entends point le cours du Ciel, ny des planetes,
Ie ne ſçay deuiner les affaires ſecretes,
Cognoiſtre vn bon viſage, & iuger ſi le cœur
Contraire à ce qu'on voit ne ſeroit point moqueur.

 De porter vn poullet ie n'ay la ſuffiſance,
Ie ne ſuis point adroit, ie n'ay point d'eloquence
Pour colorer vn faict, ou detourner la foy,
Prouuer qu'vn grand amour n'eſt ſuiect à la loy,
Suborner par diſcours vne femme coquette,
Luy conter des chanſons de Ieanne, & de Paquette,
Deſbaucher vne fille, & par viues raiſons
Luy monſtrer comme Amour faict les bonnes maiſons,
Les maintient, les eſleue, & propice aux plus belles
En honneur les auance, & les faict Damoyſelles,
Que c'eſt pour leurs beaux nez que ſe font les ballets,
Qu'elles ſont le ſuiect des vers, & des poulets,
Que leur nom retentit dans les airs que l'on chante,
Qu'elles ont à leur ſuite vne troupe beante

De langoureux tranſis, & pour le faire court
Dire qu'il n'eſt rien tel qu'aymer les gens de court
Aleguant maint exemple en ce ſiecle où nous ſommes,
Qu'il n'eſt rien ſi facile à prendre que les hommes,
Et qu'on ne s'enquiert plus s'elle a faict le pourquoy,
Pourueu qu'elle ſoit riche, & qu'elle ayt bien de quoy.
Quand elle auroit ſuiuy le camp à la Rochelle
S'elle a force ducats elle eſt toute pucelle.
L'honneur eſtropié, languiſſant, & perclus,
N'eſt plus rien qu'vne idolle en qui l'on ne croit plus.
  Or pour dire cecy il faut force miſtere,
Et de mal diſcourir il vaut bien mieux ſe taire.
Il eſt vray que ceux là qui n'ont pas tant d'eſprit
Peuuent mettre en papier leur dire par eſcrit,
Et rendre par leurs vers, leur Muſe maquerelle;
Mais pour dire le vray ie n'en ay la ceruelle.
  Il faut eſtre trop pront, eſcrire à tous propos,
Perdre pour vn ſonnet & ſommeil, & repos.
Puis ma muſe eſt trop chaſte, & i'ay trop de courage,
Et ne puis pour autruy façonner vn ouurage.
Pour moy i'ay de la court autant comme il m'en fault:
Le vol de mon deſſein ne s'eſtend point ſi haut:
De peu ie ſuis content, encore que mon maiſtre
S'il luy plaiſoit vn iour mon trauail recongnoiſtre
Peut autant qu'autre Prince, & a trop de moyen
D'eleuer ma fortune & me faire du bien,
Ainſy que ſa Nature à la vertu facile
Promet que mon labeur ne doit eſtre inutile,
Et qu'il doit quelque iour mal-gré le ſort cuiſant

Mon feruice honorer d'vn honnefte prefant,
Honnefte, & conuenable à ma baffe fortune,
Qui n'abaye, & n'afpire ainfy que la commune
Apres l'or du Perou, ny ne tend aux honneurs,
Que Rome departit aux vertuz des Seigneurs.

 Que me fert de m'affeoir le premier à la table,
Si la faim d'en auoir me rend infatiable ?
Et fi le fais leger d'vne double Euefché
Me rendant moins contant me rend plus empefché ?
Si la gloire, & la charge à la peine adonnée
Rend fous l'ambition mon ame infortunée ?
Et quand la feruitude a pris l'homme au collet
l'eftime que le Prince eft moins que fon valet.
C'eft pourquoy ie ne tends à fortune fi grande :
Loing de l'ambition, la raifon me commande :
Et ne pretends auoir autre chofe finon
Qu'vn fimple benefice, & quelque peu de nom ;
Affin de pouuoir viure, auecq' quelque affeurance,
Et de m'ofter mon bien que l'on ait confcience.

 Alors vrayement heureux les liures feuilletant
Ie rendrois mon defir, & mon efprit contant.
Car fans le reuenu l'eftude nous abufe,
Et le corps ne fe paift aux banquets de la mufe.
Ses mets font de fçauoir difcourir par raifon,
Comme l'ame fe meut vn tans en fa prifon,
Et comme deliurée elle monte diuine
Au Ciel lieu de fon eftre, & de fon origine,
Comme le Ciel mobile eternel en fon cours
Fait les fiecles, les ans, & les mois, & les iours,

Comme aux quatre elemens les matieres enclofes,
Donnent comme la mort la vie à toutes chofes,
Comme premierement les hommes difpercez,
Furent par l'armonie, en troupes amaffez,
Et comme la malice en leur ame gliffée,
Troubla de noz ayeux l'innocente penfée,
D'où naquirent les loys, les bourgs, & les citez,
Pour feruir de gourmete à leurs mechancetez,
Comme ils furent en fin reduis fous vn Empire,
Et beaucoup d'autres plats qui feroient longs à dire,
Et quand on en fçauroit ce que Platon en fçait,
Marquis tu n'en ferois plus gras, ny plus refaict,
Car c'eft vne viande en efprit confommée,
Legere à l'eftomac, ainfi que la fumée.
 Sçais tu pour fçauoir bien, ce qu'il nous faut fçauoir ?
C'eft s'affiner le gouft de cognoiftre, & de voir,
Aprendre dans le monde, & lire dans la vie
D'autres fecrets plus fins que de Philofophie,
Et qu'auecq' la fcience il faut vn bon efprit.
 Or entends à ce point ce qu'vn Greq' en efcrit,
Iadis vn loup dit-il, que la fain epoinçonne
Sortant hors de fon fort rencontre vne lionne
Rugiffante à l'abord, & qui montroit aux dens
L'infatiable fain qu'elle auoit au dedans :
Furieufe elle aproche, & le loup qui l'auife,
D'vn langage flateur luy parle, & la courtife :
Car ce fut de tout tans que ployant fous l'effort,
Le petit cede au grand, & le foible au plus fort.

Luy di-ie, qui craignoit que faute d'autre proye,
La beste l'attaquaſt, ſes ruſes il employe.
Mais en fin le hazard ſi bien le ſecourut,
Qu'vn mulet gros, & gras à leurs yeux aparut,
Ils cheminent diſpos croyant la table preſte,
Et s'aprochent tous deux aſſez pres de la beſte,
Le loup qui la congnoiſt, malin, & deffiant,
Luy regardant aux pieds luy parloit en riant :
D'où es-tu ? qui es-tu ? quelle eſt ta nouriture ?
Ta race, ta maiſon, ton maiſtre, ta nature ?
Le mulet eſtonné de ce nouueau diſcours
De peur ingenieux, aux ruſes eut recours,
Et comme les Normans ſans luy repondre voire,
Compere, ce dit-il, ie n'ay point de memoire,
Et comme ſans eſprit ma grand mere me vit,
Sans m'en dire autre choſe au pied me l'eſcriuit.

Lors il leue la iambe au iaret ramaſſée,
Et d'vn œil innocent il couuroit ſa penſée,
Se tenant ſuſpendu ſur les pieds en auant :
Le loup qui l'aperçoit ſe leue de deuant,
S'excuſant de ne lire auecq' ceſte parolle,
Que les loups de ſon tans n'alloient point à l'ecolle :
Quand la chaude lionne à qui l'ardante fain
Alloit precipitant la rage, & le deſſein,
S'aproche plus ſçauante en volonté de lire,
Le mulet prend le tans, & du grand coup qu'il tire
Luy enfonce la teſte, & d'vne autre façon,
Qu'elle ne ſçauoit point luy aprit ſa leçon.

Alors le loup s'enfuit voyant la befte morte,
Et de fon ignorance ainfi fe reconforte :
N'en deplaife aux Docteurs, Cordeliers, Iacopins,
Pardieu les plus grands clers ne font pas les plus fins.

A Monsieur Motin.

Satyre IIII.

Motin la Muse est morte, ou la faueur pour elle :
En vain dessus Parnasse Apollon on apelle,
En vain par le veiller on acquiert du sçauoir,
Si fortune s'en mocque, & s'on ne peut auoir
Ny honneur, ny credit non plus que si noz paines
Estoient fables du peuple inutiles, & vaines.

Or va romps-toy la teste, & de iour & de nuict,
Pallis dessus vn liure à l'apetit d'vn bruit
Qui nous honore apres que nous sommes sous terre,
Et de te voir paré de trois brins de lierre,
Comme s'il importoit estans ombres là bas,
Que nostre nom vescust ou qu'il ne vescust pas,
Honneur hors de saison, inutile merite
Qui viuans nous trahit, & qui morts nous profite,
Sans soing de l'auenir ie te laisse le bien
Qui vient à contrepoil alors qu'on ne sent rien,
Puis que viuant icy de nous on ne faict conte,
Et que nostre vertu engendre nostre honte.

Doncq' par d'autres moyens à la court familiers,
Par vice, ou par vertu acquerons des lauriers,
Puis qu'en ce monde icy on n'en faict differance,
Et que souuent par l'vn l'autre se recompense.

SATYRE IIII.

Aprenons à mentir, mais d'vne autre façon
Que ne fait Caliope ombrageant fa chanfon
Du voille d'vne fable, afin que fon miftere
Ne foit ouuert à tous, ny congneu du vulguaire.
   Aprenons à mentir, noz propos deguifer,
A trahir noz amys, noz ennemis baifer,
Faire la court aux grands, & dans leurs antichambres,
Le chapeau dans la main, nous tenir fur noz membres,
Sans ofer ny cracher, ny touffir, ny s'affeoir,
Et nous couchant au iour, leur donner le bon foir.
   Car puis que la fortune aueuglement difpofe
De tout, peut eftre en fin aurons nous quelque chofe,
Qui pourra deftourner l'ingrate aduerfité,
Par vn bien incertain à tatons debité,
Comme ces courtifans qui s'en faifant acroire,
N'ont point d'autre vertu, finon de dire voire.
   Or laiffons doncq' la Mufe, Apollon, & fes vers,
Laiffons le lut, la lyre, & ces outils diuers,
Dont Apollon nous flatte, ingrate frenefie,
Puis que pauure & quémande on voit la poëfie,
Où i'ai par tant de nuits mon trauail occupé :
Mais quoy ie te pardonne, & fi tu m'as trompé
La honte en foit au fiecle, où viuant d'age en age
Mon exemple rendra quelque autre efprit plus fage.
   Mais pour moy mon amy ie fuis fort mal payé
D'auoir fuiuy cet' art, fi i'euffe eftudié,
Ieune laborieux fur vn bancq à l'efcolle,
Gallien, Hipocrate, ou Iafon, ou Bartolle,
Vne cornete au col debout dans vn parquet,

A tort & à trauers ie vendrois mon caquet,
Ou bien taftant le poulx, le ventre & la poitrine,
l'aurois vn beau tefton pour iuger d'vne vrine,
Et me prenant au nez loucher dans vn baffin
Des ragous qu'vn malade offre à fon Medecin,
En dire mon aduis, former vne ordonnance,
D'vn rechape s'il peut, puis d'vne reuerence,
Contrefaire l'honnefte, & quand viendroit au point,
Dire en ferrant la main, Dame il n'en falloit point.

 Il eft vray que le Ciel qui me regarda naiftre,
S'eft de mon iugement toufiours rendu le maiftre,
Et bien que ieune enfant mon Pere me tançaft,
Et de verges fouuent mes chançons menaçaft,
Me difant de depit, & bouffy de colere,
Badin quitte ces vers, & que penfes-tu faire?
La Mufe eft inutile, & fi ton oncle a fçeu
S'auancer par cet' art tu t'y verras deceu.

 Vn mefme Aftre toufiours n'eclaire en cefte terre :
Mars tout ardant de feu nous menace de guerre,
Tout le monde fremit, & ces grands mouuemens
Couuent en leurs fureurs de piteux changemens.

 Penfe-tu que le lut, & la lyre des Poëtes
S'acorde d'armonie auecques les trompettes,
Les fiffres, les tambours, le canon, & le fer,
Concert extrauagant des mufiques d'enfer?

 Toute chofe a fon regne, & dans quelques années,
D'vn autre œil nous verrons les fieres deftinées.

 Les plus grands de ton tans dans le fang aguerris,
Comme en Trace feront brutalement nourris,

Qui rudes n'aymeront la lyre de la Muſe,
Non plus qu'vne vielle ou qu'vne cornemuſe.
Laiſſe donc ce métier, & ſage prens le ſoing
De t'acquerir vn art qui te ſerue au beſoing.

  Ie ne ſçay mon amy par quelle preſcience,
Il eut de noz Deſtins ſi claire congnoiſſance,
Mais pour moy ie ſçay bien que ſans en faire cas,
Ie meſpriſois ſon dire, & ne le croyois pas,
Bien que mon bon Démon ſouuent me diſt le meſme :
Mais quand la paſſion en nous eſt ſi extreme,
Les aduertiſſemens n'ont ny force ny lieu :
Et l'homme croit à peine aux parolles d'vn Dieu.

  Ainſi me tançoit-il d'vne parolle emeuë.
Mais comme en ſe tournant ie le perdoy de veuë
Ie perdy la memoire auecques ſes diſcours,
Et reſueur m'eſgaray tout ſeul par les deſtours
Des Antres & des Bois affreux & ſolitaires,
Où la Muſe en dormant m'enſeignoit ſes miſteres,
M'aprenoit des ſecrets & m'echaufant le ſein,
De gloire & de renom releuoit mon deſſein.
Inutile ſcience, ingrate, & meſpriſée,
Qui ſert de fable au peuple, aux plus grands de riſée.

  Encor' ſeroit ce peu ſi ſans eſtre auancé,
L'on auoit en cet art ſon age depenſé,
Apres vn vain honneur que le tans nous refuſe,
Si moins qu'vne Putain l'on n'eſtimoit la Muſe.
Euſſe tu plus de feu, plus de ſoing, & plus d'art
Que Iodelle n'eut oncq', Deſportes, ny Ronſard,
L'on te fera la mouë, & pour fruict de ta paine,

Ce n'est ce dira t'on qu'vn Poete à la douzaine.
 Car on n'a plus le goust comme on l'eut autrefois,
Apollon est gesné par de sauuages loix,
Qui retiennent sous l'art sa nature offusquée,
Et de mainte figure est sa beauté masquée.
Si pour sçauoir former quatre vers empoullez
Faire tonner des mots mal ioincts & mal collez,
Amy l'on estoit Poete, on verroit cas estranges,
Les Poetes plus espais que mouches en vandanges.
 Or que des ta ieunesse Apollon t'ait apris,
Que Caliope mesme ait tracé tes escris,
Que le neueu d'Atlas les ait mis sur la lyre,
Qu'en l'Antre Thespean on ait daigné les lire,
Qu'ils tiennent du sçauoir de l'antique leçon,
Et qu'ils soient imprimez des mains de Patisson,
Si quelqu'vn les regarde & ne leur sert d'obstacle,
Estime mon amy que c'est vn grand miracle.
 L'on a beau faire bien, & semer ses escris
De ciuette, bainioin, de musc, & d'ambre gris,
Qu'ils soient plains, releuez & graues à l'oreille,
Qu'ils fassent sourciller les doctes de merueille,
Ne pense pour cela estre estimé moins sol,
Et sans argent contant qu'on te preste vn licol,
Ny qu'on n'estime plus (humeur extrauagante)
Vn gros asne pourueu de mille escuz de rente.
 Ce malheur est venu de quelques ieunes veaux
Qui mettent à l'encan l'honneur dans les bordeaux,
Et raualant Phœbus, les Muses, & la grace,
Font vn bouchon à vin du laurier de Parnasse,

SATYRE IIII.

A qui le mal de teste est commun & fatal,
Et vont bifarement en poste en l'hopital,
Disant s'on n'est hargneux, & d'humeur difficille,
Que l'on est mesprisé de la troupe ciuille,
Que pour estre bon Poete il faut tenir des fous,
Et desirent en eux ce qu'on mesprise en tous,
Et puis en leur chanson sotement importune,
Ils accusent les grands, le Ciel, & la fortune,
Qui sustez de leurs vers en sont si rebatus,
Qu'ils ont tiré cet' art du nombre des vertus,
Tiennent à mal d'esprit leurs chansons indiscrettes
Et les mettent au ranc des plus vaines sornetes.

   Encore quelques grands affin de faire voir
De Mœcene riuaux qu'ils ayment le sçauoir,
Nous voient de bon œil, & tenant vne gaule,
Ainsi qu'à leurs cheuaux nous en flatent l'espaule,
Auecque bonne mine, & d'vn langage doux,
Nous disent souriant, & bien que faictes vous ?
Auez vous point sur vous quelque chanson nouuelle ?
I'en vy ces iours passez de vous vne si belle,
Que c'est pour en mourir, ha ma foy ie voy bien,
Que vous ne m'aymez plus, vous ne me donnez rien.

   Mais on lit à leurs yeux & dans leur contenance,
Que la bouche ne parle ainsi que l'ame pense,
Et que c'est mon amy, vn gremoire & des mots
Dont tous les courtisans endorment les plus sots.

   Mais ie ne m'aperçoy que trenchant du prudhomme,
Mon tans en ces caquets sotement ie consomme,
Que mal instruit ie porte en Brouage du sel,

Et mes coquilles vendre à ceux de sainct Michel.
  Doncq' sans mettre l'enchere aux sotises du monde,
Ny gloser les humeurs de Dame Fredegonde,
Ie diray librement pour finir en deux mots,
Que la plus part des gens sont habillez en sots.

A Monsieur Bertault, Euesque de Sées.

Satyre V.

Bertault c'eſt vn grand cas quoy que l'on puiſſe faire,
Il n'eſt moyen qu'vn homme à chacun puiſſe plaire
Et fuſt-il plus parfaict que la perfection,
L'homme voit par les yeux de ſon affection.
Chaque fat a ſon ſens dont ſa raiſon s'eſcrime,
Et tel blaſme en autruy ce de quoy ie l'eſtime,
Tout fuyuant l'intelec change d'ordre & de rang,
Les Mores auiourd'huy peignent le Diable blanc,
Le ſel eſt doux aux vns, le ſucre amer aux autres,
L'on reprend tes humeurs ainſi qu'on fait les noſtres,
Les Critiques du tans m'apellent debauché,
Que ie ſuis iour & nuict aux plaiſirs aché,
Que i'y pers mon eſprit, mon ame & ma ieuneſſe,
Les autres au rebours accuſent ta ſageſſe,
Et ce hautain deſir qui te faict mépriſer
Plaiſirs, treſors, grandeurs pour t'immortaliſer,
Et diſent ô chetifs qui mourant ſur vn liure,
Penſez ſeconds Phœnis en vóz cendres reuiure,
Que vous eſtes trompez en voſtre propre erreur,
Car & vous & vos vers viuez par procureur.

Vn liuret tout moyſi vit pour vous & encore
Comme la mort vous fait, la taigne le deuore,

Ingrate vanité dont l'homme fe repaift,
Qui baille apres vn bien qui fottement luy plaift.
 Ainfi les actions aux langues font fugettes,
Mais ces diuers rapors font de foibles fagettes,
Qui bleçent feulement ceux qui font mal armez,
Non pas les bons efpris à vaincre acoutumez,
Qui fçauent auifez auecques differance,
Separer le vray bien du fard de l'apparance.
C'eft vn mal bien eftrange aux cerueaux des humains
Qui fuiuant ce qu'ils font malades ou plus fains,
Digerent la viande, & felon leur nature,
Ils prennent ou mauuaife ou bonne nouriture.
 Ce qui plaift à l'œil fain offence vn chaffieux,
L'eau fe iaunit en bile au corps du bilieux,
Le fang d'vn Hidropique en pituite fe change,
Et l'eftommac gafté pourit tout ce qu'il mange,
De la douce liqueur rouffoyante du Ciel,
L'vne en fait le venin, & l'autre en fait le miel.
Ainfi c'eft la nature, & l'humeur des perfonnes,
Et non la qualité qui rend les chofes bonnes.
 Charnellement fe ioindre auecq' fa paranté,
En France c'eft incefte, en Perfe charité,
Tellement qu'à tout prendre en ce monde où nous fommes
Et le bien, & le mal depend du gouft des hommes.
 Or fans me tourmenter des diuers apetis,
Quels ils font aux plus grands, & quels aux plus petis,
Ie te veux difcourir comme ie trouue eftrange
Le chemin d'où nous vient le blafme, & la loüange,
Et comme i'ay l'efprit de Chimeres brouillé,

Voyant qu'vn More noir m'appelle barbouillé,
Que les yeux de trauers s'offenfent que ie lorgne,
Et que les quinze vints difent que ie fuis borgne.

   C'eft ce qui m'en deplaift encor que i'aye apris
En mon Philofopher d'auoir tout à mépris.
Penfes tu qu'à prefent vn homme a bonne grace,
Qui dans le four l'Euefque enterine fa grace,
Ou l'autre qui pourfuit des abolitions,
De vouloir ietter l'œil deffus mes actions,
Vn traiftre, vn vfurier, qui par mifericorde,
Par argent, ou faueur s'eft fauué de la corde,
Moy qui dehors fans plus ay veu le Chaftelet,
Et que iamais fergent ne faifit au collet,
Qui vis felon les loix & me contiens de forte
Que ie ne tremble point quand on heurte à ma porte,
Voyant vn Prefident le cœur ne me treffault,
Et la peur d'vn Preuoft ne m'eueille en furfault,
Le bruit d'vne recherche au logis ne m'arefte,
Et nul remord facheux ne me trouble la tefte,
Ie repofe la nuict fuz l'vn & l'autre flanc,
Et cependant Bertault ie fuis defus le ranc.

   Scaures du tans prefent, hipocrites feueres,
Vn Claude effrontement parle des adulteres,
Milon fanglant encor reprend vn affaffin,
Grache, vn feditieux, & Verres, le larcin.

   Or pour moy tout le mal que leur difcours m'obiette,
C'eft que mon humeur libre à l'amour eft fugette,
Que i'ayme mes plaifirs, & que les paffetans
Des amours m'ont rendu grifon auant le tans,

Qu'il eſt bien malaiſé que iamais ie me change,
Et qu'à d'autres façons ma ieuneſſe ſe range.

 Mon oncle m'a conté que montrant à Ronſard
Tes vers eſtincellants & de lumiere, & d'art,
Il ne ſçeut que reprendre en ton aprentiſſage
Sinon qu'il te iugeoit pour vn Poete trop ſage.

 Et ores au contraire, on m'obiecte à peché
Les humeurs qu'en ta Muſe il euſt bien recherché.
Auſſi ie m'emerueille au feu que tu recelles,
Qu'vn eſprit ſi raſis ait des fougues ſi belles,
Car ie tien comme luy que le chaud element,
Qui donne ceſte pointe au vif entendement,
Dont la verue s'echauffe & s'enflame de ſorte,
Que ce feu dans le Ciel ſur des aiſles l'emporte,
Soit le meſme qui rend le Poete ardant & chaud,
Suiect à ſes plaiſirs, de courage ſi haut,
Qu'il mepriſe le peuple, & les choſes communes,
Et brauant les faueurs ſe moque des fortunes,
Qui le fait debauché, frenetique refuant
Porter la teſte baſſe, & l'eſprit dans le vent
Egayer ſa fureur parmy des precipices,
Et plus qu'à la raiſon ſuiect à ſes caprices.

 Faut il doncq' à preſent s'etonner ſi ie ſuis
Enclin à des humeurs qu'euiter ie ne puis,
Où mon temperament malgré moy me tranſporte,
Et rend la raiſon foible où la nature eſt forte,
Mais que ce mal me dure il eſt bien malaiſé,
L'homme ne ſe plaiſt pas d'eſtre touſiours fraiſé,
Chaque age a ſes façons, & change la Nature

SATYRE V.

De fept ans en fept ans noftre temperature ;
Selon que le Soleil fe loge en fes maifons,
Se tournent noz humeurs, ainfi que noz faifons,
Toute chofe en viuant auecq' l'age s'altere,
Le debauché fe rit des fermons de fon pere,
Et dans vingt & cinq ans venant à fe changer.
Retenu, vigilant, foigneux, & mefnager,
De ces mefmes difcours fes fils il admonefte,
Qui ne font que s'en rire & qu'en hocher la tefte,
Chaque age a fes humeurs, fon gouft, & fes plaifirs,
Et comme noftre poil blanchiffent noz defirs.

Nature ne peut pas l'age en l'age confondre :
L'enfant qui fçait defia demander & refpondre,
Qui marque affeurement la terre de fes pas,
Auecque fes pareils fe plaift en fes ébas,
Il fuit, il vient, il parle, il pleure, il faute d'aife,
Sans raifon d'heure en heure, il s'émeut & s'apaife.

Croiffant l'age en auant fans foing de gouuerneur
Releué, courageux, & cupide d'honneur,
Il fe plaift aux cheuaux, aux chiens, à la campagne,
Facille au vice il hait les vieux, & les dedagne,
Rude à qui le reprend, pareffeux à fon bien,
Prodigue, depencier, il ne conferue rien,
Hautain, audacieux, confeiller de foy mefme,
Et d'vn cœur obftiné fe heurte à ce qu'il aime.

L'age au foing fe tournant homme fait il acquiert
Des biens, & des amis, fi le tans le requiert,
Il mafque fes difcours, comme fur vn theatre,

Subtil ambitieux l'honneur il idolatre,
Son esprit auisé preuient le repentir,
Et se garde d'vn lieu difficille à sortir.
 Maints facheux accidans surprennent sa vieillesse,
Soit qu'auecq du soucy gagnant de la richesse,
Il s'en deffend l'vsage, & craint de s'en seruir,
Que tant plus il en a, moins s'en peut assouuir,
Ou soit qu'auecq' froideur il fasse toute chose,
Imbecille, douteux, qui voudroit, & qui n'ose,
Dilayant, qui tousiours a l'œil sur l'auenir,
De leger il n'espere, & croit au souuenir,
Il parle de son tans, difficille & seuere,
Censurant la ieunesse vse des droits de pere,
Il corrige, il reprend, hargneux en ses façons,
Et veut que tous ses mots soient autant de leçons.
 Voilla doncq' de par Dieu comme tourne la vie,
Ainsi diuersement aux humeurs asseruie,
Que chaque age depart à chaque homme en viuant,
De son temperament la qualité suiuant :
Et moy qui ieune encor' en mes plaisirs m'égaye,
Il faudra que ie change, & malgré que i'en aye
Plus soigneux deuenu, plus froid, & plus rassis,
Que mes ieunes pensers cedent aux vieux soucis,
Que i'en paye l'escot remply iusque à la gorge,
Et que i'en rende vn iour les armes à sainct George.
 Mais de ces discoureurs il ne s'en trouue point,
Ou pour le moins bien peu qui cognoissent ce point,
Effrontez, ignorans, n'ayants rien de solide,

Leur efprit prend l'effor où leur langue le guide,
Sans voir le fond du fac ils prononcent l'areft,
Et rangent leurs difcours au point de l'intereft,
Pour exemple parfaitte ils n'ont que l'aparance,
Et c'eft ce qui nous porte à cefte indifferance,
Qu'enfemble l'on confond le vice & la vertu,
Et qu'on l'eftime moins qu'on n'eftime vn feftu.
  Auffi qu'importe-il de mal ou de bien faire,
Si de noz actions vn iuge volontaire,
Selon fes apetis les decide, & les rend
Dignes de recompenfe, ou d'vn fuplice grand :
Si toufiours noz amis, en bon fens les expliquent,
Et fi tout au rebours noz haineux nous en piquent.
Chacun felon fon gouft s'obftine en fon party,
Qui fait qu'il n'eft plus rien qui ne foit peruerty :
La vertu n'eft vertu, l'enuie la deguife,
Et de bouche fans plus le vulgaire la prife :
Au lieu du iugement regnent les paffions,
Et donne l'intereft, le pris, aux actions.
  Ainfi ce vieux refueur qui nagueres à Rome
Gouuernoit vn enfant & faifant le preud'homme,
Contre-caroit Caton, Critique en fes difcours,
Qui toufiours rechinoit & reprenoit toufiours.
Apres que cet' enfant s'eft fait plus grand par l'age
Reuenant à la court d'vn fi lointain voyage,
Ce Critique changeant d'humeurs & de cerueau,
De fon pedant qu'il fut, deuient fon maquereau.
  O gentille vertu qu'aifement tu te changes.

Non non ces actions meritent des loüanges,
Car le voyant tout feul qu'on le prenne à ferment,
Il dira qu'icy bas l'homme de iugement
Se doit accommoder au tans qui luy commande,
Et que c'eſt à la court vne vertu bien grande
 Donq' la mefme vertu le dreffant au poulet,
De vertueux qu'il fut le rend Dariolet,
Donq' à fi peu de frais, la vertu fe profane,
Se deguife, fe mafque & deuient courtifane,
Se transforme aux humeurs, fuit le cours du marché,
Et difpence les gens de blafme & de peché.
 Peres des fiecles vieux, exemple de la vie,
Dignes d'eſtre admirez d'vne honorable enuie,
(Si quelque beau defir viuoit encor' en nous)
Nous voyant de là haut Peres qu'en dittes vous ?
 Iadis de voſtre tans la vertu fimple & pure
Sans fard, fans fiction imitoit fa nature,
Auftere en fes façons, feuere en fes propos,
Qui dans vn labeur iufte egayoit fon repos,
D'hommes vous faifant Dieux vous paiffoit d'ambrofie,
Et donnoit place au Ciel à voſtre fantafie.
La lampe de fon front partout vous efclairoit,
Et de toutes frayeurs voz efpris affeuroit,
Et fans penfer aux biens où le vulgaire penfe,
Elle eſtoit voſtre prix, & voſtre recompenfe,
Où la noſtre auiourd'huy qu'on reuere icy bas,
Va la nuict dans le bal, & dance les cinq pas,
Se parfume, fe frife, & de façons nouuelles

Veut auoir par le fard du nom entre les belles,
Fait creuer les courtaux en chaffant aux forests :
Court le faquin, la bague, efcrime des fleurets:
Monte vn cheual de bois, fait defus des Pommades,
Talonne le Genet, & le dreffe aux paffades,
Chante des airs nouueaux, inuente des ballets,
Sçait efcrire & porter les vers, & les poulets,
A l'œil toufiours au guet, pour des tours de foupleffe,
Glofe fur les habits, & fur la gentilleffe,
Se plaift à l'entretien, commente les bons mots,
Et met à mefme pris, les fages, & les fots.

Et ce qui plus encor' m'enpoifonne de rage,
Eft quand vn Charlatan releue fon langage,
Et de coquin faifant le Prince reueftu,
Baftit vn Paranimfe à fa belle vertu,
Et qu'il n'eft crocheteur ny courtault de boutique,
Qui n'eftime à vertu l'art où fa main s'aplique,
Et qui paraphrafant fa gloire, & fon renom,
Entre les vertueux ne veuille auoir du nom.

Voilà comme à prefent chacun l'adulterife,
Et forme vne vertu comme il plaift à fa guife :
Elle eft comme au marché dans les impreffions,
Et s'adiugeant au taux de noz affections,
Fait que par le caprice, & non par le merite,
Le blafme, & la loüange au hazard fe debite :
Et peut vn ieune fot, fuiuant ce qu'il conçoit,
Ou ce que par fes yeux fon efprit en reçoit,
Donner fon iugement, en dire ce qu'il penfe,
Et mettre fans refpec noftre honneur en balance.

Mais puis que c'eſt le tans, meſpriſant les rumeurs
Du peuple, laiſſon là le monde en ces humeurs,
Et ſi ſelon ſon gouſt, vn chacun en peut dire,
Mon gouſt ſera Bertault, de n'en faire que rire.

A Monsieur de Bethune
estant Ambassadeur pour Sa Maiesté à Rome.

Satyre VI.

Bethune si la charge où ta vertu s'amuse,
Te permet écouter les chansons que la Muse,
Desus les bords du Tibre & du mont Palatin,
Me fait dire en François au riuage Latin,
Où comme au grand Hercule, à la poictrine large,
Nostre Atlas de son fais sur ton dos se descharge,
Te commet de l'Estat l'entier gouuernement,
Ecoute ce discours tissu bijarement,
Où ie ne pretens point escrire ton Histoire :
Ie ne veux que mes vers s'honorent en la gloire
De tes nobles ayeux, dont les faits releuez,
Dans les cœurs des Flamens sont encore grauez,
Qui tiennent à grandeur de ce que tes Ancestres
En armes glorieux furent iadis leurs maistres.

Ni moins comme ton frere aidé de ta vertu,
Par force, & par conseil, en France a combatu
Ces auares Oyseaux dont les grifes gourmandes
Du bon Roy des François, rauissoient les viandes,
Suget trop haut pour moy, qui doy sans m'egarer,
Au champ de sa valeur, la voir & l'admirer.

Auſſi ſelon le corps on doit tailler la robe :
Ie ne veux qu'à mes vers noſtre Honneur ſe derobe,
Ny qu'en tiſſant le fil de voz faits plus qu'humains,
Dedans ce Labirinte il m'eſchape des mains :
On doit ſelon la force entreprendre la paine,
Et ſe donner le ton ſuyuant qu'on a d'halaine,
Non comme vn fou chanter de tort, & de trauers.

Laiſſant doncq' aux ſçauans à vous paindre en leurs vers,
Haut eſleuez en l'air ſur vne aiſle dorée,
Dignes imitateurs des enfans de Borée,
Tandis qu'à mon pouuoir mes forces meſurant,
Sans prendre ny Phœbus, ny la Muſe à garant,
Ie fuyuray le caprice en ces pays eſtranges
Et ſans paraphraſer tes faits, & tes loüanges,
Ou me fantaſier le cerueau de ſoucy,
Sur ce qu'on dit de France, ou ce qu'on voit icy,
Ie me deſchargeray d'vn fais que ie dedaigne,
Suffiſant de creuer vn Genet de Sardaigne,
Qui pourroit defaillant en ſa morne vigueur,
Succomber ſoubs le fais que i'ay deſus le cœur.

Or ce n'eſt point de voir, en regne la ſottiſe,
L'Auarice, & le Luxe, entre les gens d'Egliſe,
La Iuſtice à l'ancan, l'Innocent opreſſé :
Le conſeil corrompu ſuiure l'intereſſé,
Les eſtats peruertis, toute choſe ſe vendre,
Et n'auoir du credit qu'au pris qu'on peut dependre

Ny moins que la valeur n'ait icy plus de lieu,
Que la nobleſſe coure en poſte à l'hoſtel Dieu,
Que les ieunes oyſifs aux plaiſirs s'abandonnent,

Que les femmes du tans foient à qui plus leur donnent,
Que l'vfure ait trouué (bien que ie n'ay de quoy
Tant elle a bonnes dents) que mordre defus moy.

Tout cecy ne me pefe, & l'efprit ne me trouble,
Que tout s'y peruertiffe il ne m'en chaut d'vn double,
Du tans, ni de l'eftat il ne faut s'affliger,
Selon le vent qui fait l'homme doit nauiger.

Mais ce dont ie me deuls eft bien vne autre chofe
Qui fait que l'œil humain iamais ne fe repofe,
Qu'il s'abandonne en proye aux foucis plus cuifans.

Ha! que ne fuis-ie Roy pour cent ou fix vingts ans,
Par vn Edit public qui fuft irreuocable,
Ie bannirois l'Honneur, ce monftre abominable,
Qui nous trouble l'efprit & nous charme fi bien,
Que fans luy les humains icy ne voyent rien,
Qui trahit la nature, & qui rend imparfaite
Toute chofe qu'au gouft les delices ont faiéte.

Or ie ne doute point, que ces efprits boffus,
Qui veulent qu'on les croye en droite ligne yffus
Des fept fages de Grece, à mes vers ne s'opofent,
Et que leurs iugemens defus le mien ne glofent,

Comme de faire entendre à chacun que ie fuis
Auffi perclus d'efprit comme Pierre du Puis,
De vouloir fottement que mon difcours fe dore
Au defpens d'vn fuget que tout le monde adore,
Et que ie fuis de plus priué de iugement,
De t'offrir ce caprice ainfi fi librement,

A toy qui des ieuneffe apris en fon efcolle,
As adoré l'Honneur, d'effeét, & de parolle,

Qui l'as pour vn but sainct, en ton penser profond,
Et qui mourois pluſtoſt, que luy faire vn faux bond.
 Ie veux bien auoir tort en cette ſeulle choſe,
Mais ton doux naturel fait que ie me propoſe
Librement te montrer à nu mes paſſions,
Comme à cil qui pardonne, aux imperfections :
Qu'ils n'en parlent doncq' plus & qu'eſtrange on ne trouue
Si ie hay plus l'Honneur qu'vn mouton vne louue,
L'Honneur que ſoubs faux tiltre habite auecque nous,
Qui nous oſte la vie & les plaiſirs plus doux,
Qui trahit noſtre eſpoir & fait que l'on ſe paine
Apres l'eſclat fardé d'vne aparance vaine :
Qui ſeure les deſirs & paſſe mechamment
La plume par le becq' à noſtre ſentiment,
Qui nous veut faire entendre en ſes vaines chimeres,
Que pour ce qu'il nous touche, il ſe perd ſi noz meres,
Noz femmes, & noz ſœurs, font leurs maris ialoux,
Comme ſi leurs deſirs dependiſſent de nous.
 Ie penſe quant à moy que ceſt homme fut yure,
Qui changea le premier l'vſage de ſon viure,
Et rangeant ſoubs des loys, les hommes eſcartez,
Baſtit premierement & villes & citez,
De tours & de foſſez renforça ſes murailles,
Et r'enferma dedans cent ſortes de quenailles.
 De ceſt amas confus, naquirent à l'inſtant,
L'enuie, le meſpris, le diſcord inconſtant,
La peur, la trahiſon, le meurtre, la vengeance,
L'horrible deſeſpoir, & toute ceſte engeance
De maux, qu'on voit regner en l'Enfer de la court,

Dont vn pedant de Diable en fes leçons difcourt
Quand par art il inftruit fes efcoliers pour eftre,
(S'il se peut faire) en mal plus grands clers que leur maiftre.

 Ainfi la liberté du monde s'enuola,
Et chafcun fe campant qui deçà, qui delà,
De hayes, de buiffons remarqua fon partage,
Et la fraude fift lors la figue au premier age.

 Lors du Mien, & du Tien naquirent les proces,
A qui l'argent depart bon, ou mauuais fucces,
Le fort batit le foible, & luy liura la guerre,
De là l'Ambition fit anuahir la terre,
Qui fut auant le tans que furuindrent ces maux,
Vn hofpital commun à tous les animaux,
Quand le mary de Rhée au fiecle d'innocence,
Gouuernoit doucement le monde en fon enfance :
Que la terre de foy le fourment raportoit,
Que le chefne de Mafne & de miel degoutoit :
Que tout viuoit en paix, qu'il n'eftoit point d'vfures :
Que rien ne fe vendoit, par poix ny par mefures :
Qu'on n'auoit point de peur qu'vn Procureur fifcal
Formaft fur vne eguille vn long proces verbal :
Et fe iettant d'aguet deffus voftre perfonne,
Qu'vn Barifel vous mift dedans la Tour de Nonne.

 Mais fi toft que le Fils le Pere dechaffa,
Tout fans defus defous icy fe renuerfa.
Les foucis, les ennuis, nous broüillerent la tefte,
L'on ne pria les faincts, qu'au fort de la tempefte,
L'on trompa fon prochain, la medifance eut lieu,
Et l'Hipocrite fift barbe de paille à Dieu,

L'homme trahit fa foy, d'où vindrent les Notaires,
Pour attacher au ioug les humeurs volontaires.
 La fain, & la cherté fe mirent fur le rang,
La fiebure, les charbons, le maigre flux de fang,
Commencerent d'eclore, & tout ce que l'Autonne,
Par le vent de midy, nous aporte & nous donne.
 Les foldats puis apres, ennemis de la paix,
Qui de l'auoir d'autruy ne fe foulent iamais,
Troublerent la campagne, & faccageant noz villes,
Par force en noz maifons violerent noz filles,
D'où naquit le Bordeau qui, s'eleuant debout,
A l'inftant comme vn Dieu s'etendit tout par tout,
Et rendit Dieu mercy ces fiebures amoureufes,
Tant de galants pelez, & de femmes galeufes,
Que les perruques font & les drogues encor,
(Tant on en a befoing) auffi cheres que l'or.
 Encore tous ces maux ne feroient que fleurettes,
Sans ce maudit Honneur, ce conteur de fornettes,
Ce fier ferpent qui couue vn venin foubs des fleurs,
Qui noye iour & nuict noz efprits en noz pleurs.
 Car pour ces autres maux c'eftoient legeres paines,
Que Dieu donna felon les foibleffes humaines.
 Mais ce traiftre cruël excedant tout pouuoir,
Nous fait fuër le fang foubs vn pefant deuoir,
De Chimeres nous pipe & nous veut faire acroire
Qu'au trauail feulement doibt confifter la gloire,
Qu'il faut perdre & fomeil, & repos, & repas,
Pour tâcher d'aquerir vn fuget qui n'eft pas,
Ou s'il eft, que iamais aux yeux ne fe decouure,

Et perdu pour vn coup iamais ne fe recouure,
Qui nous gonfle le cœur de vapeurs & de vent,
Et d'exces par luy mefme il fe perd bien fouuent.

 Puis on adorera cefte menteufe Idolle,
Pour Oracle on tiendra cefte croyance folle,
Qu'il n'eft rien de fi beau que tomber bataillant,
Qu'au defpens de fon fang il faut eftre vaillant,
Mourir d'vn coup de lance, ou du choc d'vne pique,
Comme les Paladins de la faifon antique,
Et refpendant l'efprit, bleffé par quelque endroit,
Que noftre Ame s'enuolle en Paradis tout droit.

 Ha! que c'eft chofe belle & fort bien ordonnée,
Dormir dedans vn lict la graffe matinee,
En Dame de Paris, s'habiller chaudement,
A la table s'affeoir, manger humainement,
Se repofer vn peu, puis monter en caroffe,
Aller à Gentilly careffer vne Roffe,
Pour efcroquer fa fille & venant à l'effect,
Luy monftrer comme Iean à fa mere le fait.

 Ha! Dieu pourquoy faut-il que mon efprit ne vaille
Autant que cil qui mift les Souris en bataille,
Qui fceut à la Grenouille aprendre fon caquet,
Ou que l'autre qui fift en vers vn Sopiquet,
Ie ferois efloigné de toute raillerie,
Vn pœme grand, & beau, de la poltronnerie,
En depit de l'honneur, & des femmes qui l'ont,
D'effect fous la chemife, ou d'aparance au front,
Et m'affeure pour moy qu'en ayant leu l'Hiftoire,
Elles ne feroient plus fi fottes que d'y croire.

8

Mais quand ie confidere où l'Ingrat nous reduit,
Comme il nous enforcelle & comme il nous feduit,
Qu'il affemble en feftin, au Regnard la Ciguoigne,
Et que fon plus beau ieu ne gift rien qu'en fa troigne :
 Celuy le peut bien dire à qui des le berceau,
Ce malheureux Honneur a tint le becq en l'eau,
Qui le traine à taftons, quelque part qu'il puiffe eftre,
Ainfi que fait vn chien, vn aueugle fon maiftre :
Qu'il s'en va doucement apres luy pas à pas,
Et librement fe fie à ce qu'il ne voit pas.
 S'il veut que plus long tans à ces difcours ie croye,
Qu'il m'offre à tout le moins quelque chofe qu'on voye,
Et qu'on fauoure, affin qu'il fe puiffe fçauoir
Si le gouft dement point ce que l'œil en peut voir.
 Autrement quant à moy ie lui fay banqueroute :
Eftant imperceptible il eft comme la Goutte,
Et le mal qui caché nous ofte l'embon-point,
Qui nous tuë à veu'd'œil, & que l'on ne voit point.
On a beau fe charger de telle marchandife,
A peine en auroit on vn Catrin à Venife,
Encor qu'on voye apres courir certains cerueaux,
Comme apres les raifins courent les Eftourneaux.
 Que font tous ces vaillans de leur valeur gueriere,
Qui touchent du penfer l'Etoille pouffiniere,
Morguent la Deftinee & gourmendent la mort,
Contre qui rien ne dure, & rien n'eft affez fort,
Et qui tout tranfparants de claire renommée,
Dreffent cent fois le iour, en difcours vne armee
Donnent quelque bataille, & tuant vn chacun,

Font que mourir & viure à leur dire n'eſt qu'vn :
Releuez, emplumez, braues comme fainct George,
Et Dieu ſçait cependant s'ils mentent par la gorge,
Et bien que de l'honneur ils facent des leçons,
Enfin au fond du fac ce ne font que chanſons.

  Mais mon Dieu que ce Traiſtre eſt d'vne eſtrange ſorte,
Tandis qu'à le blaſmer la raiſon me tranſporte,
Que de luy ie meſdis, il me flate, & me dit
Que ie veux par ces vers acquerir ſon credit,
Que c'eſt ce que ma Muſe en trauaillant pourchaſſe,
Et mon intention qu'eſtre en ſa bonne grace,
Qu'en mediſant de luy ie le veux requerir,
Et tout ce que ie fay que c'eſt pour l'aquerir.

  Si ce n'eſt qu'on diroit qu'il me l'auroit fait faire,
Ie l'irois apeller comme mon aduerſaire,
Auſſi que le duël eſt icy defendu,
Et que d'vne autre part i'ayme l'Indiuidu.

  Mais tandis qu'en colere à parler ie m'areſte,
Ie ne m'aperçoy pas, que la viande eſt preſte,
Qu'icy non plus qu'en France on ne s'amuſe pas
A diſcourir d'honneur quand on prend ſon repas,
Le ſommelier en haſte, eſt ſorty de la caue,
Deſia Monſieur le maiſtre, & ſon monde ſe laue,
Trefues auecq' l'honneur, ie m'en vais tout courant
Decider au Tinel vn autre different.

A Monsieur le Marquis de Cœuures.

Satyre VII.

Sotte, & facheuse humeur, de la plus part des hommes
Qui fuyuant ce qu'ils sont, iugent ce que nous sommes,
Et sucrant d'vn souris vn discours ruineux,
Acusent vn chacun des maux qui sont en eux.
 Nostre Melancolique en sçauoit bien que dire,
Qui nous pique en riant, & nous flate sans rire,
Qui porte vn cœur de sang, desous vn front blemy,
Et duquel il vaut moins estre amy qu'ennemy.
 Vous qui tout au contraire auez dans le courage
Les mesmes mouuemens qu'on vous lit au visage,
Et qui parfaict amy voz amis espargnez,
Et de mauuais discours leur vertu n'eborgnez,
Dont le cœur grand, & ferme, au changement ne ploye,
Et qui fort librement, en l'orage s'employe,
Ainsi qu'vn bon patron, qui soigneux, sage, & fort,
Sauue ses compagnons, & les conduit à bord :
 Congnoissant doncq en vous vne vertu facille
A porter les defauts d'vn esprit imbecille,
Qui dit sans aucun fard, ce qu'il sent librement,
Et dont iamais le cœur, la bouche ne dement,
Comme à mon confesseur vous ouurant ma pensée,
De ieunesse, & d'Amour, follement incensée,

Ie vous conte le mal, où trop enclin ie fuis,
Et que prest à laiffer ie ne veux & ne puis,
Tant il eft mal aifé d'ofter auecq' eftude,
Ce qu'on a de nature, ou par longue habitude.

 Puis la force me manque, & n'ay le iugement
De conduire ma barque en ce rauiffement,
Au gouffre du plaifir la courante m'emporte :
Tout ainfi qu'vn cheual qui a la bouche forte
I'obeis au caprice, & fans difcretion,
La raifon ne peut rien deffus ma paffion.

 Nulle loy ne retient mon ame abandonnée,
Ou foit par volonté, ou foit par Deftinée
En vn mal euident ie clos l'œil à mon bien :
Ny confeil, ny raifon, ne me feruent de rien.
Ie choppe par deffein, ma faute eft volontaire,
Ie me bande les yeux, quand le Soleil m'éclaire :
Et contant de mon mal ie me tien trop heureux
D'eftre comme ie fuis, en tous lieux amoureux,
Et comme à bien aymer mille caufes m'inuitent,
Auffi mille beautez mes amours ne limitent,
Et courant çà, & là, ie trouue tous les iours,
En des fuiets nouueaux de nouuelles amours.

 Si de l'œil du defir, vne femme i'auife,
Ou foit belle, ou foit laide, ou fage, ou mal aprife,
Elle aura quelque trait qui de mes fens vainqueur,
Me paffant par les yeux me bleçera le cœur :
Et c'eft comme vn miracle, en ce monde où nous fommes,
Tant l'aueugle apetit enforcelle les hommes
Qu'encore qu'vne femme aux amours faffe peur,

Que le Ciel, & Venus, la voye à contre-cœur :
Toutesfois eſtant femme, elle aura ſes delices,
Releuera ſa grace auecq' des artifices,
Qui dans l'eſtat d'amour la ſçauront maintenir,
Et par quelques atraits les amans retenir.
 Si quelqu'vne eſt difforme, elle aura bonne grace,
Et par l'art de l'Eſprit embellira ſa face,
Captiuant les Amans des mœurs, ou du diſcours,
Elle aura du credit en l'Empire d'amours.
 En cela l'on cognoiſt que la Nature eſt ſage,
Qui voyant les deffaux du fœminin ouurage,
Qu'il feroit ſans reſpect, des hommes mepriſé,
L'anima d'vn eſprit, & vif, & deguiſé :
D'vne ſimple innocence elle adoucit ſa face,
Elle luy miſt au ſein, la ruſe, & la falace,
Dans ſa bouche la foy, qu'on donne à ſes diſcours,
Dont ce ſexe trahit les Cieux, & les amours,
Et ſelon plus ou moins qu'elle eſtoit belle, ou laide.
Sage elle ſçeut ſi bien vſer d'vn bon remede,
Diuiſant de l'eſprit, la grace, & la beauté,
Qu'elle les ſepara d'vn & d'autre coſté,
De peur qu'en les ioignant quelqu'vne euſt l'auantage,
Auecq' vn bel eſprit d'auoir vn beau viſage.
 La belle du depuis ne le recherche point,
Et l'eſprit rarement à la beauté ſe ioint.
 Or affin que la laide autrement inutille,
Deſſous le ioug d'amour rendit l'homme ſeruille,
Elle ombragea l'eſprit d'vn morne aueuglement,
Auecques le deſir troublant le iugement,

De peur que nulle femme, ou fuſt laide, ou fuſt belle,
Ne veſcuſt ſans le faire, & ne mouruſt pucelle.
  D'où vient que ſi ſouuent les hommes offuſquez
Sont de leurs apetis ſi lourdement moquez,
Que d'vne laide femme ils ont l'ame eſchauffée,
Dreſſent à la laideur d'eux meſmes vn trophée.
Penſent auoir trouué la febue du gaſteau,
Et qu'au ſarail du Turc il n'eſt rien de ſi beau.
  Mais comme les beautez ſoit des corps, ou des ames,
Selon l'obiect des ſens ſont diuerſes aux Dames,
Auſſi diuerſement les hommes ſont domtez,
Et font diuers effets les diuerſes beautez :
(Eſtrange prouidence, & prudente methode
De Nature qui ſert vn chaſcun à ſa mode.)
  Or moy qui ſuis tout flame & de nuit & de iour,
Qui n'haleine que feu, ne reſpire qu'amour,
Ie me laiſſe emporter à mes flames communes,
Et cours ſous diuers vens de diuerſes fortunes,
Rauy de tous obiects, i'ayme ſi viuement,
Que ie n'ay pour l'amour ny chois, ny iugement :
De toute election mon ame eſt depourueuë,
Et nul obiect certain ne limite ma veuë.
Toute femme m'agrée, & les perfections
Du corps ou de l'eſprit troublent mes paſſions.
I'ayme le port de l'vne, Et de l'autre la taille,
L'autre d'vn trait laſcif me liure la bataille,
Et l'autre dedaignant d'vn œil ſeuere, & dous,
Ma peine, & mon amour, me donne mille coups,
Soit qu'vne autre modeſte à l'impourueu m'auiſe,

De vergongne, & d'amour mon ame eſt toute épriſe,
Ie ſens d'vn ſage feu mon eſprit enflamer,
Et ſon honneſteté me contrainct de l'aymer,
Si quelque autre afettée en ſa douce malice,
Gouuerne ſon œillade auecq' de l'artifice,
I'ayme ſa gentilleſſe, & mon nouueau deſir
Se la promet ſçauante en l'amoureux plaiſir.

 Que l'autre parle liure, & faſſe des merueilles,
Amour qui prend par tout me prend par les oreilles,
Et iuge par l'eſprit parfaict en ſes acords,
Des points plus acomplis que peut auoir le corps ·
Si l'autre eſt au rebours des lettres nonchalante,
Ie croy qu'au fait d'amour elle ſera ſçauante,
Et que nature habille à couurir ſon deffaut
Luy aura mis au lict tout l'eſprit qu'il luy faut.

 Ainſi de toute femme à mes yeux oppoſée,
Soit parfaite en beauté, ou ſoit mal compoſée,
De mœurs, ou de façons, quelque choſe m'en plaiſt,
Et ne ſçay point comment, ny pourquoi, ny que c'eſt.

 Quelque obiect que l'eſprit, par mes yeux, ſe figure,
Mon cœur tendre à l'amour, en reçoit la pointure :
Comme vn miroir en ſoy toute image reçoit,
Il reçoit en amour quelque obiect que ce ſoit,
Autant qu'vne plus blanche, il ayme vne brunette,
Si l'vne a plus d'eſclat, l'autre eſt plus ſadinette,
Et plus viue de feu, d'amour, & de deſir,
Comme elle en reçoit plus, donne plus de plaiſir.

 Mais ſans parler de moy que toute amour emporte,
Voyant vne beauté folatrement acorte,

Dont l'abord foit facile, & l'œil plain de douceur,
Que femblable à Venus on l'eftime fa fœur,
Que le Ciel fur fon front ait pofé fa richeffe,
Qu'elle ait le cœur humain, le port d'vne Déeffe,
Qu'elle foit le tourment, & le plaifir des cœurs,
Que Flore fous fes pas faffe naiftre des fleurs,
Au feul trait de fes yeux, fi puiffans fur les ames,
Les cœurs les plus glacez font tous brulans de flames.
Et fut-il de metail, ou de bronze, ou de roc,
Il n'eft Moine fi fainct qui n'en quittaft le froc.

 Ainfi moy feulement fous l'Amour ie ne plie,
Mais de tous les mortels la nature accomplie
Flechit fous ceft Empire, & n'eft homme icy bas,
Qui foit exempt d'amour, non plus que du trepas.

 Ce n'eft doncq' chofe eftrange (eftant fi naturelle)
Que cefte paffion me trouble la ceruelle,
M'empoifonne l'efprit, & me charme fi fort,
Que i'aimeray, ie croye, encore apres ma mort.

 Marquis voilà le vent dont ma nef eft portée,
A la trifte mercy de la vague indomtée,
Sans cordes, fans timon, fans etoille, ny iour,
Refte ingrat, & piteux de l'orage d'amour,
Qui contant de mon mal, & ioyeux de ma perte,
Se rit de voir de flots ma poitrine couuerte,
Et comme fans efpoir flote ma paffion,
Digne non de rifée, ains de compaffion.

 Cependant incertain du cours de la tempefte,
Ie nage fur les flots, & releuant la tefte,
Ie femble depiter naufrage audacieux,

L'infortune, les vents, la marine, & les Cieux,
M'egayant en mon mal comme vn melancolique,
Qui repute à vertu son humeur frenetique,
Discourt de son caprice, en caquete tout haut :
  Aussi comme à vertu i'estime ce deffaut,
Et quand tout par malheur iureroit mon dommage,
Ie mourray fort contant mourant en ce voyage.

*A Monsieur l'Abbé de Beaulieu
nommé par Sa Maiesté à l'Euesché du Mans.*

Satyre VIII.

Charles de mes pechez i'ay bien fait penitence.
Or toy qui te cognois aux cas de conscience,
Iuge si i'ay raison, de penser estre absoubs :
I'oyois vn de ces iours la Messe à deux genoux,
Faisant mainte oraison, l'œil au Ciel, les mains iointes,
Le cœur ouuert aux pleurs, & tout percé des pointes
Qu'vn deuot repentir élançoit dedans moy,
Tremblant des peurs d'Enfer, & tout bruslant de foy,
Quand vn ieune frisé, releué de moustache,
De galoche, de botte, & d'vn ample pennache,
Me vint prendre, & me dist, pensant dire vn bon mot,
Pour vn Poete du tans, vous estes trop deuot,
Moy ciuil, ie me leue, & le bon iour luy donne,
(Qu'heureux est le folastre, à la teste grisonne,
Qui brusquement eust dit auecq' vne sambieu :
Ouy-bien pour vous Monsieur qui ne croyez en Dieu.)
   Sotte discretion, ie voulus faire acroire,
Qu'vn Poete n'est bisarre, & facheux qu'apres boire,
Ie baisse vn peu la teste, & tout modestement,
Ie luy fis à la mode, vn petit compliment,
Luy comme bien apris, le mesme me sçeut rendre,
Et ceste courtoisie à si haut pris me vendre,

Que i'aimerois bien mieux, chargé d'age, & d'ennuys,
Me voir à Rome pauure, entre les mains des Iuys.
 Il me prist par la main, apres mainte grimace,
Changeant fur l'vn des pieds, à toute heure de place,
Et dansant tout ainsi qu'vn Barbe encastelé,
Me dist en remachant vn propos aualé,
Que vous estes heureux vous autres belles ames,
Fauoris d'Apolon, qui gouuernez les Dames,
Et par mille beaux vers les charmez tellement,
Qu'il n'est point de beautez, que pour vous seullement,
Mais vous les meritez, voz vertuz non communes
Vous font digne Monsieur de ces bonnes fortunes.
 Glorieux de me voir si hautement loué,
Ie deuins aussi fier qu'vn chat amadoüé,
Et sentant au Palais mon discours se confondre,
D'vn ris de sainct Medard il me fallut répondre :
Ie pourfuis, mais amy, laissons le discourir,
Dire cent, & cent fois, il en faudroit mourir,
Sa Barbe pinçoter, cageoller la science,
Releuer ses cheueux, dire en ma conscience,
Faire la belle main, mordre vn bout de ses guents,
Rire hors de propos, monstrer ses belles dents,
Se carrer fur vn pied, faire arfer fon espee,
Et s'adoucir les yeux ainsi qu'vne poupée :
Cependant qu'en trois mots ie te feray sçauoir,
Où premier à mon dam ce facheux me peut voir.
 I'estois chez vne Dame, en qui si la Satyre
Permetoit en ces vers que ie le peusse dire,
Reluit, enuironné de la diuinité,

Vn esprit aussi grand, que grande est sa beauté.
  Ce Fanfaron chez elle, eut de moy cognoissance,
Et ne fut de parler iamais en ma puissance,
Luy voyant ce iour là son chapeau de velours,
Rire d'vn facheux conte, & faire vn sot discours,
Bien qu'il m'eust à l'abord doucement fait entendre
Qu'il estoit mon valet, à vendre & à dependre,
Et detournant les yeux belle à ce que i'entens,
Comment vous gouuernez les beaux espris du tans,
Et faisant le doucet de parole, & de geste,
Il se met sur vn lict, luy disant ie proteste
Que ie me meurs d'amour, quand ie suis pres de vous:
Ie vous ayme si fort que i'en suis tout ialoux,
Puis rechangeant de note, il monstre sa rotonde,
Cest ouurage est-il beau, que vous semble du monde
L'homme que vous sçauez, m'a dit qu'il n'ayme rien,
Madame à vostre auis, ce iourd'huy suis-ie bien,
Suis-ie pas bien chauffé, ma iambe est elle belle,
Voyez ce tafetas la mode en est nouuelle,
C'est œuure de la Chine, à propos on m'a dit
Que contre les clinquants le Roy fait vn edit :
Sur le coude il se met, trois boutons se delace,
Madame baisez moi, n'ay-ie pas bonne grace,
Que vous estes facheuse, à la fin on verra,
Rosete, le premier qui s'en repentira.
  D'assez d'autres propos il me rompit la teste,
Voilà quant & comment ie cogneu ceste beste,
Te iurant mon amy que ie quitté ce lieu,
Sans demander son nom, & sans luy dire adieu.

Ie n'eus depuis ce iour, de luy nouuelle aucune,
Si ce n'eſt ce matin que de male fortune,
Ie fus en ceſte Egliſe, où comme i'ay conté,
Pour me perſecutter Satan l'auoit porté.
　Apres tous ces propos qu'on ſe dit d'ariuée,
D'vn fardeau ſi peſant ayant l'ame greuée,
Ie chauuy de l'oreille, & demourant penſif,
L'echine i'alongois comme vn aſne retif,
Minutant me ſauuer de ceſte tirannie,
Il le iuge à reſpect ô ſans ceremonie,
Ie vous ſuply (dit-il) viuons en compagnons.
Ayant ainſi qu'vn pot les mains ſur les roignons,
Il me pouſſe en auant, me preſente la porte,
Et ſans reſpect des Saincts hors l'Egliſe il me porte,
Auſſi froid qu'vn ialoux qui voit ſon corriual,
Sortis il me demande, eſtes vous à cheual,
Auez vous point icy quelqu'vn de voſtre troupe,
Ie ſuis tout ſeul à pied, luy de m'offrir la croupe,
Moy pour m'en depêtrer, luy dire tout expres,
Ie vous baiſe les mains, ie m'en vais icy pres,
Chez mon oncle diſner : ô Dieu le galand homme,
I'en ſuis, & moy pour lors comme vn bœuf qu'on aſſomme.
Ie laiſſe choir la teſte, & bien peu s'en falut,
Remettant par depit en la mort mon ſalut,
Que ie n'alaſſe lors la teſte la premiere,
Me ietter du pont neuf, à bas en la riuiere.
　Inſenſible il me treſne en la court du Palais,
Où trouuant par haſard quelqu'vn de ſes valets,
Il l'appelle & luy dit, hola hau Ladreuille,

SATYRE VIII.

Qu'on ne m'attende point, ie vay difner en ville.
  Dieu fçait fi ce propos me trauerfa l'efprit,
Encor n'eft-ce pas tout, il tire vn long efcrit,
Que voyant ie fremy : lors fans cageollerie,
Monfieur ie ne m'entends à la chicannerie,
Ce luy dis-ie, feignant l'auoir veu de trauers,
Auffi n'en eft-ce pas, ce font des mefchans vers,
(Ie cogneu qu'il eftoit veritable à fon dire)
Que pour tuer le tans ie m'efforce d'ecrire,
Et pour vn courtifan, quand vient l'occafion,
Ie monftre que i'en fçay pour ma prouifion.
  Il lit, & fe tournant brufquement par la place,
Les banquiers étonnez admiroient fa grimace,
Et montroient en riant qu'ils ne luy euffent pas
Prefté fur fon minois, quatre doubles ducats,
(Que i'euffe bien donnez pour fortir de fa pate)
Ie l'ecoute, & durant que l'oreille il me flate,
Le bon Dieu fçait comment à chaque fin de vers,
Tout expres ie difois quelque mot de trauers,
Il pourfuit non-obftant d'vne fureur plus grande,
Et ne ceffa iamais qu'il n'euft fait fa legende.
  Me voyant froidement fes œuures aduouër,
Il les ferre, & fe met luy mefme à fe loüer,
Doncq' pour vn Caualier n'eft-ce pas quelque chofe :
Mais Monfieur n'auez-vous iamais veu de ma profe?
Moy de dire que fi : tant ie craignois qu'il euft
Quelque proces verbal, qu'entendre il me falluft.
  Encore dittes moy en voftre confcience,
Pour vn qui n'a du tout nul acquis de fcience,

Cecy n'eſt-il pas rare ? Il eſt vray ſur ma foy,
Luy dis-ie ſouriant : lors ſe tournant vers moy,
M'acolle à tour de bras, & tout petillant d'aiſe,
Doux comme vne epouſee, à la ioue il me baiſe :
Puis me flatant l'épaule, il me fiſt librement
L'honneur que d'aprouuer mon petit iugement,
Apres ceſte careſſe, il rentre de plus belle,
Tantoſt il parle à l'vn, tantoſt l'autre l'apelle,
Touſiours nouueaux diſcours, & tant fut-il humain
Que touſiours de faueur il me tint par la main.
I'ay peur que ſans cela i'ay l'ame ſi fragille,
Que le laiſſant du guet i'euſſe peu faire gille :
Mais il me fut bien force eſtant bien attaché,
Que ma diſcretion expiaſt mon peché.

 Quel heur ce m'euſt eſté, ſi ſortant de l'Egliſe,
Il m'euſt conduit chez luy, & m'oſtant la chemiſe,
Ce beau valet à qui ce beau maiſtre parla,
M'euſt donné l'anguillade, & puis m'euſt laiſſé là,
Honorable defaite, heureuſe échapatoire,
Encores de rechef me la fallut-il boire.

 Il vint à reparler deſus le bruit qui court,
De la Royne, du Roy, des Princes, de la Court,
Que Paris eſt bien grand, que le Pont neuf s'acheue,
Si plus en paix qu'en guerre, vn Empire s'éleue,
Il vint à definir que c'eſtoit qu'Amitié
Et tant d'autres Vertus, que c'en eſtoit pitié.
Mais il ne definit, tant il eſtoit nouice,
Que l'Indiſcretion eſt vn ſi facheux vice,
Qu'il vaut bien mieux mourir, de rage, ou de regret,

Que de viure à la gefne auecq' vn indifcret.

  Tandis que fes difcours me donnoient la torture,
le fonde tous moyens pour voir fi d'auanture
Quelque bon accident euft peu m'en retirer,
Et m'enpefcher en fin de me defefperer.

  Voyant vn Prefident, ie luy parle d'affaire,
S'il auoit des proces, qu'il eftoit neceffaire
D'eftre toufiours apres ces Meffieurs bonneter,
Qu'il ne laiffaft pour moy de les foliciter,
Quant à luy qu'il eftoit homme d'intelligence,
Qui fçauoit comme on perd fon bien par negligence,
Où marche l'intereft, qu'il faut ouurir les yeux.
Ha! non Monfieur (dit-il) i'aymerois beaucoup mieux
Perdre tout ce que i'ay, que voftre compagnie,
Et fe mift auffi-toft fur la ceremonie.
Moy qui n'ayme à debatre en ces fadefes là,
Vn tans fans luy parler, ma langue vacila :
Enfin ie me remets fur les cageolleries,
Luy dis comme le Roy eftoit aux Tuilleries,
Ce qu'au Louure on difoit qu'il feroit ce iourd'huy,
Qu'il deuroit fe tenir toufiours aupres de luy,
Dieu fçait combien alors il me dift de fottifes,
Parlant de fes hauts faicts, & de fes vaillantifes,
Qu'il auoit tant feruy, tant faict la faction,
Et n'auoit cependant aucune penfion,
Mais qu'il fe confoloit, en ce qu'au moins l'Hiftoire,
Comme on fait fon trauail, ne derobroit fa gloire,
Et s'y met fi auant que ie creu que mes iours
Deuoient pluftoft finir, que non pas fon difcours.

Mais comme Dieu voulut apres tant de demeures,
L'orloge du Palais, vint à fraper onze heures,
Et luy qui pour la fouppe auoit l'efprit fubtil,
A quelle heure Monfieur, voftre oncle difne-t il ?

Lorsbien peu s'en falut, fans plus longtans attendre,
Que de rage au gibet ie ne m'allaffe pendre.
Encor l'euffe-ie fait eftant defefperé,
Mais ie croy que le Ciel, contre moy coniuré,
Voulut que s'acomplift cefte auanture mienne,
Que me dift ieune enfant vne Bohemienne.

Ny la pefte, la fain, la verolle, la tous,
La fieure, les venins, les larrons, ny les lous,
Ne tueront ceftuy-cy, mais l'importun langage
D'vn facheux, qu'il s'en garde, eftant grand, s'il eft fage.

Comme il continuoit cefte vieille chanfon,
Voicy venir quelqu'vn d'affez pauure façon :
Il fe porte au deuant, luy parle, le cageolle,
Mais ceft autre à la fin, fe monta de parole,
Monfieur c'eft trop long-tans : tout ce que vous voudrez,
Voicy l'Arreft figné, non Monfieur vous viendrez.
Quand vous ferez dedans vous ferez à partie,
Et moy qui cependant n'eftois de la partie,
I'efquiue doucement, & m'en vais à grand pas,
La queue en loup qui fuit, & les yeux contre bas,
Le cœur fautant de ioye, & trifte d'aparance :
Depuis aux bons Sergens i'ay porté reuerance,
Comme à des gens d'honneur, par qui le Ciel voulut
Que ie receuffe vn iour le bien de mon falut.

Mais craignant d'encourir vers toy le mefme vice

Que ie blaſme en autruy, ie fuis à ton feruice,
Et prie Dieu qui nous garde, en ce bas monde icy,
De fain, d'vn importun, de froid, & de foucy.

A Monsieur Rapin.

SATYRE IX.

Rapin, le fauorit d'Apollon & des Muses,
Pendant qu'en leur mestier iour & nuit tu t'amuses,
Et que d'vn vers nombreux non encore chanté,
Tu te fais vn chemin à l'immortalité,
Moy qui n'ay ny l'esprit ny l'halaine assez forte,
Pour te suiure de prez & te seruir d'escorte,
Ie me contenteray sans me precipiter,
D'admirer ton labeur ne pouuant l'imiter,
Et pour me satisfaire au desir qui me reste,
De rendre cest hommage à chacun manifeste,
Par ces vers i'en prens acte, affin que l'auenir,
De moy par ta vertu, se puisse souuenir,
Et que ceste memoire à iamais s'entretienne,
Que ma Muse imparfaite eut en honneur la tienne,
Et que si i'eus l'esprit d'ignorance abatu,
Ie l'euz au moins si bon, que i'aymay ta vertu,
Contraire à ces resueurs dont la Muse insolente,
Censurant les plus vieux, arrogamment se vante
De reformer les vers non les tiens seulement,
Mais veulent deterrer les Grecs du monument,
Les Latins, les Hebreux, & toute l'Antiquaille,
Et leur dire à leur nez qu'ils n'ont rien fait qui vaille.

Ronsard en son mestier n'estoit qu'vn aprentif,
Il auoit le cerueau fantastique & rétif,
Desportes n'est pas net, du Bellay trop facille,
Belleau ne parle pas comme on parle à la ville,
Il a des mots hargneux bouffis & releuez
Qui du peuple auiourd'huy ne sont pas aprouuez.

 Comment il nous faut doncq', pour faire vne œuure grande
Qui de la calomnie & du tans se deffende,
Qui trouue quelque place entre les bons autheurs,
Parler comme à sainct Iean parlent les Crocheteurs.

 Encore ie le veux pourueu qu'ils puissent faire
Que ce beau sçauoir entre en l'esprit du vulgaire,
Et quand les Crocheteurs seront Poëtes fameux :
Alors sans me facher ie parleray comme eux.

 Pensent-ils des plus vieux offençant la memoire,
Par le mespris d'autruy s'aquerir de la gloire,
Et pour quelque vieux mot, estrange, ou de trauers,
Prouuer qu'ils ont raison de censurer leurs vers,
(Alors qu'vne œuure brille & d'art, & de science,
La verue quelque fois s'egaye en la licence.)

 Il semble en leurs discours hautains & genereux,
Que le Cheual volant n'ait pissé que pour eux,
Que Phœbus à leur ton accorde sa vielle,
Que la Mouche du Grec leurs leures emmielle,
Qu'ils ont seuls icy bas trouué la Pie au nit,
Et que des hauts esprits le leur est le zenit :
Que seuls des grands secrets ils ont la cognoissance,
Et disent librement que leur experience
A rafiné les vers fantastiques d'humeur,

Ainſi que les Gaſcons ont fait le point d'honneur,
Qu'eux tous ſeuls du bien dire ont trouué la metode,
Et que rien n'eſt parfaict s'il n'eſt fait à leur mode.
  Cependant leur ſçauoir ne s'eſtend ſeulement,
Qu'à regrater vn mot douteux au iugement,
Prendre garde qu'vn qui ne heurte vne diphtongue,
Epier ſi des vers la rime eſt breue ou longue,
Ou bien ſi la voyelle à l'autre s'vniſſant,
Ne rend point à l'oreille vn vers trop languiſſant :
Et laiſſent ſur le verd le noble de l'ouurage,
Nul eguillon diuin n'eſleue leur courage,
Ils rampent baſſement foibles d'inuentions,
Et n'oſent peu hardis tanter les fictions,
Froids à l'imaginer, car s'ils font quelque choſe,
C'eſt proſer de la rime, & rimer de la proſe
Que l'art lime & relime & polit de façon
Qu'elle rend à l'oreille vn agreable ſon.
Et voyant qu'vn beau feu leur ceruelle n'embraſe,
Ils attifent leurs mots, ageolliuent leur fraſe,
Affectent leur diſcours tout ſi releué d'art,
Et peignent leurs defaux de couleurs & de fard.
Auſſi ie les compare à ces femmes iolies,
Qui par les Affiquets ſe rendent embelies,
Qui gentes en habits & fades en façons,
Parmy leur point coupé tendent leurs hameçons,
Dont l'œil rit molement auecque affeterie,
Et de qui le parler n'eſt rien que flaterie :
De rubans piolez s'agencent proprement,
Et toute leur beauté ne giſt qu'en l'ornement,

SATYRE IX. 79

Leur vifage reluit de cereufe & de peautre,
Propres en leur coifure vn poil ne paffe l'autre.

Où fes diuins efprits hautains & releuez,
Qui des eaux d'Helicon ont les fens abreuuez :
De verue & de fureur leur ouurage etincelle,
De leurs vers tout diuins la grace eft naturelle,
Et font comme l'on voit la parfaite beauté,
Qui contante de foy, laiffe la nouueauté
Que l'art trouue au Palais ou dans le blanc d'Efpagne :
Rien que le naturel fa grace n'acompagne,
Son front laué d'eau claire éclate d'vn beau teint,
De rofes & de lys la Nature la peint,
Et, laiffant là Mercure, & toutes fes malices,
Les nonchalances font les plus grands artifices.

Or Rapin quant à moy qui n'ay point tant d'efprit,
Ie vay le grand chemin que mon oncle m'aprit,
Laiffant là ces Docteurs que les Mufes inftruifent
En des arts tout nouueaux, & s'ils font comme ils difent,
De fes fautes vn liure auffi gros que le fien,
Telles ie les croiray quand ils auront du bien,
Et que leur belle Mufe à mordre fi cuifante,
Leur don'ra, comme à luy dix mil efcus de rente,
De l'honneur, de l'eftime, & quand par l'Vniuers,
Sur le lut de Dauid on chantera leurs vers,
Qu'ils auront ioint l'vtille auecq' le delectable,
Et qu'ils fçauront rimer vne auffi bonne table.

On fait en Italie vn conte affez plaifant,
Qui vient à mon propos, qu'vne fois vn Paifant,
Homme fort entendu & fuffifant de tefte,

Comme on peut aifement iuger par fa requefte,
S'en vint trouuer le Pape & le voulut prier,
Que les Preftres du tans fe peuffent marier,
Affin ce difoit-il que nous puiffions nous autres
Leurs femmes careffer, ainfi qu'ils font les noftres.
 Ainfi fuis-ie d'auis comme ce bon lourdaut,
S'ils ont l'efprit fi bon, & l'intellect fi haut,
Le iugement fi clair, qu'ils faffent vn ouurage,
Riche d'inuentions, de fens, & de langage,
Que nous puiffions draper comme ils font nos efcris,
Et voir comme l'on dit, s'ils font fi bien apris,
Qu'ils montrent de leur eau, qu'ils entrent en cariere,
Leur age defaudra pluftoft que la matiere,
Nous fommes en vn fiecle où le Prince eft fi grand,
Que tout le monde entier à peine le comprend,
Qu'ils faffent par leurs vers, rougir chacun de honte,
Et comme de valeur noftre Prince furmonte
Hercule, Ænée, Achil', qu'ils oftent les lauriers
Aux vieux, comme le Roy l'a fait aux vieux guerriers :
Qu'ils compofent vne œuure, on verra fi leur liure,
Apres mile, & mile ans, fera digne de viure,
Surmontant par vertu, l'enuie, & le Deftin,
Comme celuy d'Homere, & du chantre Latin.
 Mais Rapin mon amy c'eft la vieille querelle,
L'homme le plus parfaict a manqué de ceruelle,
Et de ce grand defaut vient l'imbecilité,
Qui rend l'homme hautain, infolent, effronté,
Et felon le fuget qu'à l'œil il fe propofe,
Suiuant fon apetit il iuge toute chofe.

SATYRE IX.

Auſſi ſelon noz yeux, le Soleil eſt luyſant,
Moy-meſme en ce diſcours qui fay le ſuffiſant,
Ie me cognoy frapé, ſans le pouuoir comprendre,
Et de mon vercoquin ie ne me puis deffendre.
 Sans iuger, nous iugeons, eſtant noſtre raiſon
Là haut dedans la teſte, où ſelon la faiſon
Qui regne en noſtre humeur, les brouillas nous embrouillent
Et de lieures cornus le cerueau nous barbouillent.
 Philoſophes reſueurs diſcourez hautement,
Sans bouger de la terre allez au firmament,
Faites que tout le Ciel branſle à voſtre cadance,
Et peſez voz diſcours meſme dans ſa Balance,
Congnoiſſez les humeurs, qu'il verſe deſus nous,
Ce qui ſe fait de ſus, ce qui ſe fait de ſous,
Portez vne lanterne aux cachots de Nature,
Sçachez qui donne aux fleurs ceſte aymable painture,
Quelle main ſus la terre en broye la couleur,
Leurs ſecretes vertus, leurs degrez de chaleur,
Voyez germer à l'œil les ſemances du monde,
Allez metre couuer les poiſſons dedans l'onde,
Dechifrez les ſecrets de Nature & des Cieux,
Voſtre raiſon vous trompe, auſſi-bien que vos yeux :
 Or ignorant de tout, de tout ie me veus rire,
Faire de mon humeur moy-meſme vne Satyre,
N'eſtimer rien de vray qu'au gouſt il ne ſoit tel,
Viure, & comme Chreſtien adorer l'Immortel,
Où giſt le ſeul repos qui chaſſe l'Ignorance,
Ce qu'on voit hors de luy, n'eſt que ſote aparance,
Piperie, artifice, encore ô cruauté

Des hommes, & du tans, noftre mechanceté
S'en fert aux paffions, & de fous vne aumuffe,
L'Ambition, l'Amour, l'Auarice fe muffe :
L'on fe couure d'vn frocq pour tromper les ialoux,
Les Temples auiourd'huy feruent aux rendez-vous :
Derriere les pilliers, on oit mainte fornete,
Et comme dans vn bal, tout le monde y caquette.
On doit rendre fuiuant & le tans, & le lieu,
Ce qu'on doit à Cefar, & ce qu'on doit à Dieu,
Et quant aux apetis de la fottife humaine,
Comme vn homme fans gouft, ie les ayme fans peine,
Auffi bien rien n'eft bon que par affection,
Nous iugeons, nous voyons felon la paffion.
 Le Soldat auiourd'huy ne refue que la guerre,
En paix le Laboureur veut cultiuer fa terre :
L'Auare n'a plaifir qu'en fes doubles ducas,
L'Amant iuge fa Dame vn chef d'œuure icy bas,
Encore qu'elle n'ait fur foy rien qui foit d'elle,
Que le rouge, & le blanc, par art la faffe belle,
Qu'elle ante en fon palais fes dents tous les matins,
Qu'elle doiue fa taille au bois de fes patins,
Que fon poil des le foir frifé dans la boutique,
Comme vn cafque au matin fur fa tefte s'aplique,
Qu'elle ait comme vn piquier le corfelet au dos,
Qu'à grand paine fa peau puiffe couurir fes os,
Et tout ce qui de iour la fait voir fi doucete,
La nuit comme en depoft foit de fous la toillette.
Son efprit vlceré iuge en fa paffion,
 Que fon taint fait la nique à la perfection.

SATYRE IX.

Le foldat tout-ainfi pour la guerre foupire
Iour & nuit il y penfe & toufiours la defire,
Il ne refue la nuit, que carnage, & que fang,
La pique dans le poing, & l'eftoc fur le flanc,
Il penfe mettre à chef quelque belle entreprife,
Que forçant vn chafteau tout eft de bonne prife,
Il fe plaift aux trefors qu'il cuide rauager,
Et que l'honneur luy rie au milieu du danger.

 L'Auare d'autre part n'aime que la richeffe,
C'eft fon Roy, fa faueur, fa court & fa maitreffe,
Nul obiect ne luy plaift, finon l'or & l'argent,
Et tant plus il en a plus il eft indigent.

 Le Paifant d'autre foing fe fent l'ame ambrafée,
Ainfi l'humanité fottement abufée,
Court à fes apetis qui l'aueuglent fi bien,
Qu'encor qu'elle ait des yeux fi ne voit elle rien.
Nul chois hors de fon gout ne regle fon enuie,
Mais s'aheurte où fans plus quelque apas la conuie,
Selon fon apetit le monde fe repaift,
Qui fait qu'on trouue bon feulement ce qui plaift.

 O debille raifon où eft ores ta bride,
Où ce flambeau qui fert aux perfonnes de guide,
Contre les paffions trop foible eft ton fecours,
Et fouuent courtifane apres elle tu cours,
Et fauourant l'apas qui ton ame enforcelle,
Tu ne vis qu'à fon gouft, & ne voys que par elle.

 De là vient qu'vn chacun mefmes en fon defaut,
Penfe auoir de l'efprit autant qu'il luy en faut,
Auffi rien n'eft party fi bien par la nature

Que le fens, car chacun en a fa fourniture.
  Mais pour nous moins hardis à croire à nos raifons,
Qui reglons nos efpris par les comparaifons
D'vne chofe auecq' l'autre, épluchons de la vie
L'action qui doit eftre, ou blafmée, ou fuiuie,
Qui criblons le difcours, au chois fe variant,
D'auecq' la fauceté la verité triant,
(Tant que l'homme le peut) qui formons nos ouurages
Aux moules fi parfaicts de ces grands perfonnages,
Qui depuis deux mile ans, ont acquis le credit
Qu'en vers rien n'eft parfaict, que ce qu'ils en ont dit,
Deuons nous auiourd'huy, pour vne erreur nouuelle
Que ces clers deuoyez forment en leur ceruelle,
Laiffer legerement la vieille opinion,
Et fuiuant leurs auis croire à leur paffion?
  Pour moy les Huguenots pouroient faire miracles.
Reffuciter les morts, rendre de vrais oracles,
Que ie ne pourois pas croire à leur verité.
En toute opinion ie fuy la nouueauté.
Auffi doit-on plutoft imiter nos vieux peres,
Que fuiure des nouueaux les nouuelles Chimeres,
De mefme en l'art diuin de la Mufe doit-on
Moins croire à leur efprit, qu'à l'efprit de Platon.
  Mais Rapin, à leur gouft fi les vieux font profanes,
Si Virgille, le Taffe, & Ronfard font des afnes,
Sans perdre en ces difcours le tans que nous perdons,
Allons comme eux aux champs & mangeons des chardons.

Satyre X.

Ce mouuement de temps peu cogneu des humains,
Qui trompe noſtre eſpoir, noſtre eſprit, & nos mains,
Cheuelu ſur le front & chauue par derriere,
N'eſt pas de ces oyſeaux qu'on prend à la pantiere,
Non plus que ce milieu des vieux tant debatu,
Où l'on miſt par deſpit à l'abry la vertu,
N'eſt vn ſiege vaccant au premier qui l'occupe.
Souuent le plus Mattois ne paſſe que pour Duppe :
Ou par le iugement il faut perdre ſon temps
A choiſir dans les mœurs ce Milieu que i'entens.

  Or i'excuſe en cecy noſtre foibleſſe humaine
Qui ne veut, ou ne peut, ſe donner tant de peine,
Que s'exercer l'eſprit en tout ce qu'il faudroit,
Pour rendre par eſtude vn lourdaut plus adroit.

  Mais ie n'excuſe pas les Cenſeurs de Socrate,
De qui l'eſprit rongneux de ſoy-meſme ſe grate,
S'idolatre, s'admire, & d'vn parler de miel,
Se va preconiſant couſin de Larcanciel :
Qui baillent pour raiſons des chanſons & des bourdes,
Et tous ſages qu'ils ſont font les fautes plus lourdes :
Et pour ſçauoir gloſer ſur le Magnificat,
Tranchent en leurs diſcours de l'eſprit delicat,
Controllent vn chacun, & par apoſtaſie

Veulent paraphraser deſſus la fantaſie,
Auſſi leur bien ne ſert qu'à monſtrer le deffaut,
Et ſemblent ſe baigner quand on chante tout haut,
Qu'ils ont ſi bon cerueau, qu'il n'eſt point de ſottiſe
Dont par raiſon d'eſtat leur eſprit ne s'aduiſe.
 Or il ne me chaudroit inſenſez ou prudens
Qu'ils fiſſent à leurs frais Meſſieurs les intendans,
A chaque bout de champ ſi ſous ombre de chere
Il ne m'en falloit point payer la folle enchere.
 Vn de ces iours derniers par des lieux deſtournez
Ie m'en allois reſuant le manteau ſur le nez,
L'âme bizarément de vapeurs occupee
Comme vn Poëte qui prend les vers à la pippee :
En ces ſonges profonds où flottoit mon eſprit,
Vn homme par la main hazardement me prit,
Ainſi qu'on pourroit prendre vn dormeur par l'oreille
Quand on veut qu'à minuict en ſurſaut il s'eſueille,
Ie paſſe outre d'aguet ſans en faire ſemblant,
Et m'en vois à grands pas tout froid & tout tremblant :
Craignant de faire encor' auec ma patience
Des ſottiſes d'autruy nouuelle penitence.
Tout courtois il me ſuit, & d'vn parler remis,
Quoy ? Monſieur, eſt-ce ainſi qu'on traite ſes amis,
Ie m'arreſte contraint d'vne façon confuſe,
Grondant entre mes dents ie barbotte vne excuſe.
De vous dire ſon nom il ne guarit de rien,
Et vous iure au ſurplus qu'il eſt homme de bien,
Que ſon cœur conuoiteux d'ambition ne créue
Et pour ſes factions qu'il n'ira point en Gréue :

Car il aime la France, & ne fouffriroit point,
Le bon feigneur qu'il eft, qu'on la mift en pourpoint.
Au compas du deuoir il regle fon courage,
Et ne laiffe en depoft pourtant fon auantage,
Selon le temps il met fes partis en auant,
Alors que le Roy paffe, il gaigne le deuant,
Et dans la Gallerie, encor' que tu luy parles,
Il te laiffe au Roy Iean, & s'en court au Roy Charles.
Mefme aux plus auancez demandant le pourquoy
Il fe met fur vn pied, & fur le quant à moy,
Et feroit bien fafché le Prince affis à table
Qu'vn autre en fuft plus pres, ou fift plus l'agreable.
Qui plus fuffifamment entrant fur le deuis
Fift mieux le Philofophe ou dift mieux fon auis.
Qui de chiens ou d'oyfeaux euft plus d'experience
Ou qui déuidaft mieux vn cas de confcience :
Puis dittes comme vn fot qu'il eft fans paffion,
Sans glofer plus auant fur fa perfection.
Auec maints hauts difcours, de chiens, d'oyfeaux, de bottes,
Que les vallets de pied font fort fuiects aux crottes,
Pour bien faire du pain il faut bien enfourner,
Si Domp-Pedre eft venu qu'il s'en peut retourner,
Le Ciel nous fift ce bien qu'encor' d'affez bonne heure,
Nous vinfmes au Logis où ce Monfieur demeure,
Où fans hiftorier le tout par le menu,
Il me dict vous foyez Monfieur, le bien venu.
Apres quelques propos, fans propos & fans fuitte
Auecq' vn froid Adieu ie minutte ma fuitte,
Plus de peur d'accident que de difcretion :

Il commence vn fermon de fon affection,
Me rid, me prend, m'embraffe auec ceremonie :
Quoy ? vous ennuyez-vous en noftre compagnie ?
Non non, ma foy dit-il, il n'ira pas ainfi,
Et puis que ie vous tiens, vous foupperez icy.
Ie m'excufe, il me force, ô Dieux quelle iniuftice ?
Alors, mais las trop tard ie cogneus mon fupplice :
Mais pour l'auoir cogneu, ie ne peux l'éuiter,
Tant le deftin fe plaift à me perfecuter.
A peine à ces propos eut-il fermé la bouche,
Qu'il entre à l'eftourdi vn fot faict à la fourche,
Qui pour nous faluër laiffant choir fon chappeau,
Fift comme vn entre-chat auec vn efcabeau,
Trebufchant fur le cul, s'en va deuant derriere,
Et grondant fe fafcha qu'on eftoit fans lumiere :
Pour nous faire fans rire aualler ce beau faut
Le Monfieur fur la veuë excufe ce deffaut,
Que les gens de fçauoir ont la vifiere tendre :
L'autre fe releuant deuers nous fe vint rendre,
Moins honteux d'eftre cheut que de s'eftre dreffé
Et luy demandaft-il s'il s'eftoit point bleffé.

Apres mille difcours dignes d'vn grand volume,
On appelle vn vallet, la chandelle s'allume :
On apporte la nappe, & met-on le couuert,
Et fuis parmy ces gens comme vn homme fans vert,
Qui fait en rechignant auffi maigre vifage
Qu'vn Renard que Martin porte au Louure en fa cage.

Vn long-temps fans parler ie regorgois d'ennuy.
Mais n'eftant point garand des fottifes d'autruy,

Ie creu qu'il me falloit d'vne mauuaife affaire
En prendre feulement ce qui m'en pouuoit plaire.
Ainfi confiderant ces hommes & leurs foings
Si ie n'en difois mot ie n'en penfe pas moings,
Et iugé ce lourdaut à fon nez autentique,
Que c'eftoit vn Pedant, animal domeftique,
De qui la mine rogue & le parler confus,
Les cheueux gras & longs, & les fourcils touffus
Faifoient par leur fçauoir, comme il faifoit entendre,
La figue fur le nez au Pedant d'Alexandre.
 Lors ie fus affeuré de ce que i'auois creu,
Qu'il n'eft plus Courtifan de la Cour fi recreu,
Pour faire l'entendu qu'il n'ait pour quoy qu'il vaille.
Vn Poëte, vn Aftrologue, ou quelque Pedentaille,
Qui durant fes Amours auec fon bel efprit
Couche de fes faueurs l'hiftoire par efcrit.
Maintenant que l'on voit & que ie vous veux dire,
Tout ce qui fe fift là digne d'vne Satyre,
Ie croirois faire tort à ce Docteur nouueau,
Si ie ne luy donnois quelques traicts de pinceau :
Mais eftant mauuais peintre ainfi que mauuais Poëte,
Et que i'ay la ceruelle & la main mal adroitte,
O Mufe ie t'inuoque! emmielle moy le bec,
Et bandes de tes mains les nerfs de ton rebec,
Laiffe moy là Phœbus chercher fon auanture,
Laiffe moy fon B. mol, prend la clef de Nature,
Et vien fimple fans fard, nuë & fans ornement,
Pour accorder ma flufte auec ton inftrument.
 Dy moy comme fa race autres fois ancienne

Dedans Rome accoucha d'vne Patricienne,
D'où nafquit dix Catons & quatre vingts Preteurs,
Sans les Hiftoriens & tous les Orateurs :
Mais non, venons à luy, dont la mauffade mine
Reffemble vn de ces Dieux des coutaux de la Chine,
Et dont les beaux difcours plaifamment eftourdis
Feroient creuer de rire vn fainct de Paradis.

 Son teint iaune enfumé de couleur de malade,
Feroit donner au Diable, & ceruze, & pommade,
Et n'eft blanc en Efpaigne à qui ce Cormoran
Ne faffe renier la loy de l'Alcoran.

 Ses yeux bordez de rouge efgarez fembloient eftre,
L'vn à Mont-marthe, & l'autre au chafteau de Biceftre :
Toutesfois redreffant leur entre-pas tortu,
Ils guidoient la ieuneffe au chemin de vertu.

 Son nez haut releué fembloit faire la nique
A l'Ouide Nafon, au Scipion Nafique,
Où maints rubiz balez tous rougiffans de vin
Monftroient vn HAC ITUR à la pomme de pin,
Et prefchant la vendange affeuroient en leur trongne,
Qu'vn ieune Medecin vit moins qu'vn vieux yurongne.

 Sa bouche eft groffe & torte, & femble en fon porfil,
Celle-là d'Alizon qui retordant du fil
Fait la moüe aux paffans, & feconde en grimace,
Baue comme au Prin-temps vne vieille limace.

 Vn rateau mal rangé pour fes dents paroiffoit,
Où le chancre & la roüille en monceaux s'amaffoit,
Dont pour lors ie congneus grondant quelques parolles
Qu'expert il en fçauoit creuer fes euerolles,

Qui me fiſt bien iuger qu'aux veilles des bons iours
Il en ſouloit roigner ſes ongles de velours.
   Sa barbe ſur ſa ioüe eſparſe à l'auantüre,
Où l'art eſt en colere auecque la nature,
En Boſquets s'eſleuoit, où certains animaux
Qui des pieds, non des mains, luy faiſoient mille maux.
   Quant au reſte du corps il eſt de telle ſorte
Qu'il ſemble que ſes reins & ſon eſpaule torte
Façent guerre à ſa teſte, & par rebellion,
Qu'ils euſſent entaſſé Oſſe ſur Pellion :
Tellement qu'il n'a rien en tout ſon attelage,
Qui ne ſuiue au galop la trace du viſage.
   Pour ſa robbe elle fut autre qu'elle n'eſtoit
Alors qu'Albert le Grand aux feſtes la portoit ;
Mais touſiours recouſant piece à piece nouuelle,
Depuis trente ans c'eſt elle, & ſi ce n'eſt pas elle :
Ainſi que ce vaiſſeau des Grecs tant renommé
Qui ſuruefcut au temps qu'il auoit conſommé :
Vne taigne affamée eſtoit ſur ſes eſpaules,
Qui traçoit en Arabe vne Carte des Gaules :
Les pieces & les trous ſemez de tous coſtez,
Repreſentoient les Bourgs, les monts, & les Citez :
Les filets ſeparez qui ſe tenoient à peine,
Imitoient les ruiſſeaux coulans dans vne pleine.
Les Alpes en iurant luy grimpoient au collet,
Et Sauoy' qui plus bas ne pend qu'à vn fillet.
   Les puces & les poux & telle autre quenaille
Aux plaines d'alentour ſe mettoient en bataille,
Qui les places d'autruy par armes vſurpant

Le titre difputoient au premier occupant.

 Or deffous cefte robbe illuftre & venerable,
Il auoit vn iupon, non celuy de Conftable :
Mais vn qui pour vn temps fuiuit l'arriere-ban,
Quand en premiere nopce il feruit de caban
Au croniqueur Turpin, lors que par la campagne
Il portoit l'arbaleftre au bon Roy Charlemagne :
Pour affeurer fi c'eft, ou laine, ou foye, ou lin,
Il faut en deuinaille eftre maiftre Gonin.

 Sa ceinture honorable ainfi que fes iartieres
Furent d'vn drap du feau, mais i'entends de lizieres
Qui fur maint Coufturier ioüerent maint rollet,
Mais pour l'heure prefente ils fangloient le mulet.

 Vn mouchoir & des gands auecq' ignominie
Ainfi que des larrons pendus en compagnie,
Luy pendoient au cofté, qui fembloit en lambeaux,
Crier en fe mocquant vieux linge, & vieux drapeaux.
De l'autre brimballoit vne clef fort honnefte,
Qui tire à fa cordelle vne noix d'arbalefte.

 Ainfi ce perfonnage en magnifique arroy,
Marchant pedetentim s'en vint iufques à moy
Qui fentis à fon nez, à fes léures déclofes,
Qu'il fleuroit bien plus fort, mais non pas mieux que rofes.

 Il me parle latin, il allegue, il difcourt,
Il reforme à fon pied les humeurs de la Court :
Qu'il a pour enfeigner vne belle maniere
Qu'en fa robe il a veu la matiere premiere,
Qu'Epicure eft yurongne, Hypocrate vn bourreau,
Que Bartolle & Iafon ignorent le barreau :

Que Virgille eſt paſſable, encor' qu'en quelques pages,
Il meritaſt au Louure eſtre chifflé des Pages,
Que Pline eſt ineſgal, Terence vn peu ioly,
Mais ſur tout il eſtime vn langage poly.
　Ainſi ſur chaſque Autheur il trouue de quoy mordre,
L'vn n'a point de raiſons, & l'autre n'a point d'ordre,
L'autre auorte auant temps des œuures qu'il conçoit,
Or il vous prend Macrobe & luy donne le foit,
Ciceron il s'en taiſt d'autant que l'on le crie
Le pain quotidian de la Pedanterie,
Quant à ſon iugement il eſt plus que parfait
Et l'immortalité n'ayme que ce qu'il fait,
Par hazard diſputant ſi quelqu'vn luy replique,
Et qu'il ſoit à quia, vous eſtes heretique :
Ou pour le moins fauteur, ou vous ne ſçauez point
Ce qu'en mon manuſcrit i'ay noté ſur ce point.
　Comme il n'eſt rien de ſimple auſſi rien n'eſt durable,
De pauure on deuient riche, & d'heureux miſerable,
Tout ſe change qui fiſt qu'on changea de diſcours,
Apres maint entretien, maints tours & maints retours,
Vn vallet ſe leuant le chapeau de la teſte
Nous vint dire tout haut que la ſouppe eſtoit preſte :
Ie congneu qu'il eſt vray ce qu'Homere en eſcrit,
Qu'il n'eſt rien qui ſi fort nous refueille l'eſprit,
Car i'eus au ſon des plats l'ame plus alteree
Que ne l'auroit vn chien au ſon de la curee :
Mais comme vn iour d'Eſté où le Soleil reluit,
Ma ioye en moins d'vn rien comme vn éclair s'enfuit,
Et le Ciel qui des dents me rid à la pareille,

Me bailla gentiment le lieure par l'oreille :
Et comme en vne montre où les paſſe-volans
Pour ſe monſtrer ſoldats ſont les plus inſolens :
Ainſi parmy ces gens vn gros vallet d'eſtable,
Glorieux de porter les plats deſſus la table,
D'vn nez de Maiordome, & qui morgue la faim,
Entra feruiette au bras & fricaſſee en main,
Et ſans reſpect du lieu, du Docteur ny des ſauſſes,
Heurtant table & treteaux, verſa tout ſur mes chauſſes :
On le tance, il s'excuſe, & moy tout reſolu,
Puis qu'à mon dam le Ciel l'auoit ainſi voulu,
Ie tourne en raillerie vn ſi faſcheux miſtere
De ſorte que Monſieur m'obligea de s'en taire.
Sur ce point on ſe laue, & chacun en ſon rang,
Se met dans vne chaire ou s'aſſied ſur vn banc,
Suiuant ou ſon merite, ou ſa charge, ou ſa race.
Des niais ſans prier ie me mets en la place,
Où i'eſtois reſolu faiſant autant que trois,
De boire & de manger comme aux veilles des Rois :
Mais à ſi beau deſſein defaillant la matiere,
Ie fus enfin contraint de ronger ma littiere,
Comme vn aſne affamé qui n'a chardons ny foing,
N'ayant pour lors de quoy me ſaouler au beſoing.
 Or entre tous ceux-là qui ſe mirent à table,
Il n'en eſtoit pas vn qui ne fuſt remarquable,
Et qui ſans eſplucher n'aualaſt l'Eperlan :
L'vn en titre d'office exerçoit vn berlan,
L'autre eſtoit des ſuiuants de Madame Lipee,
Et l'autre cheualier de la petite eſpee.

Et le plus fainct d'entr'eux (fauf le droict du cordeau)
Viuoit au Cabaret pour mourir au bordeau.
  En forme d'Efchiquier les plats rangez fur table,
N'auoient ny le maintien, ny la grace accoftable,
Et bien que nos difneurs mengeaffent en Sergens,
La viande pourtant ne prioit point les gens :
Mon Docteur de Meneftre en fa mine alteree,
Auoit deux fois autant de mains que Briaree,
Et n'eftoit quel qu'il fuft morceau dedans le plat,
Qui des yeux & des mains n'euft vn efcheq & mat.
D'où i'aprins en la cuitte auffi bien qu'en la cruë,
Que l'âme fe laiffoit piper comme vne Gruë,
Et qu'aux plats comme au lict auec lubricité
Le peché de la chair tentoit l'humanité.
  Deuant moy iuftement on plante vn grand potage
D'où les moufches à ieun fe fauuoient à la nage :
Le broüet eftoit maigre, & n'eft Noftradamus
Qui l'Aftrolabe en main ne demeuraft camus,
Si par galanterie ou par fottife expreffe
Il y penfoit trouuer vne eftoille de greffe :
Pour moy fi i'euffe efté fur la mer de Leuant,
Où le vieux Louchaly fendit fi bien le vent,
Quand sainct Marc s'habilla des enfeignes de Trace,
Ie l'acomparerois au golphe de Patraffe,
Pource qu'on y voyoit en mille & mille parts
Les moûches qui flottoient en guife de Soldarts,
Qui morts fembloient encor' dans les ondes falees
Embraffer les charbons des Galeres bruflees.
  I'oy ce femble quelqu'vn de ces nouueaux Docteurs

Qui d'eftoc & de taille eftrillent les Autheurs,
Dire que cefte exemple eft fort mal affortie.
Homere, & non pas moy t'en doit la garentie,
Qui dĕdans fes efcrits, en des certains effets
Les compare peut-eftre auffi mal que ie faits.

 Mais retournons à table où l'efclanche en ceruelle
Des dents & du chalan feparoit la querelle,
Et fur la nappe allant de quartier en quartier
Plus dru qu'vne nauette au trauers d'vn meftier,
Gliffoit de main en main où fans perdre auantage
Ebrechant le coufteau tefmoignoit fon courage :
Et durant que Brebis elle fut parmy nous
Elle fçeut brauement fe deffendre des loups,
Et de fe conferuer elle mift fi bon ordre,
Que morte de vieilleffe elle ne fçauroit mordre :
A quoy glouton oyfeau du ventre renaiffant
Du fils du bon Iapet te vas-tu repaiffant,
Affez, & trop long temps, fon poulmon tu gourmandes,
La faim fe renouuelle au change des viandes :
Laiffant là ce larron, vien icy deformais
Où la tripaille eft fritte en cent fortes de mets.
Or durant ce feftin Damoyfelle famine
Auec fon nez etique, & fa mourante mine,
Ainfi que la charté par Edit l'ordonna,
Faifoit vn beau difcours deffus la lezina,
Et nous torchant le bec aleguoit Symonide
Qui dict pour eftre fain qu'il faut mafcher à vuide.
Au refte à manger peu, Monfieur beuuoit d'autant,
Du vin qu'à la tauerne on ne payoit contant,

Et se faschoit qu'vn Iean bleçé de la Logique,
Luy barboüilloit l'esprit d'vn ergo Sophistique.
　Esmiant quant à moy du pain entre mes doigts,
A tout ce qu'on disoit doucet ie m'accordois :
Leur voyant de piot la ceruelle eschauffée,
De peur (comme l'on dict) de courroucer la Fée.
　Mais à tant d'accidents l'vn sur l'autre amasséz,
Sçachant qu'il en falloit payer les pots casséz :
De rage sans parler ie m'en mordois la léure
Et n'est Iob de despit qui n'en eust pris la chéure :
Car vn limier boiteux de galles damassé
Qu'on auoit d'huile chaude & de souffre greffé,
Ainsi comme vn verrat enueloppé de fange
Quand sous le corcelet la crasse luy demange,
Se bouchonne par tout, de mesme en pareil cas
Ce rongneux las d'aller se frottoit à mes bas
Et fust pour estriller ses galles ou ses crottes,
De sa grace il greffa mes chausses pour mes bottes
En si digne façon que le frippier Martin
Auec sa malle-tache y perdroit son Latin.
　Ainsi qu'en ce despit le sang m'eschauffoit l'ame,
Le monsieur son pedant à son aide reclame,
Pour soudre l'argument, quand d'vn sçauant parler,
Il est qui fait la mouë aux chimeres en l'air.
Le Pedant tout fumeux de vin & de doctrine
Respond, Dieu sçait comment le bon Iean se mutine
Et sembloit que la gloire en ce gentil assaut
Fust à qui parleroit non pas mieux mais plus haut,
Ne croyez en parlant que l'vn ou l'autre dorme,

Comment voſtre argument diſt l'vn n'eſt pas en forme,
L'autre tout hors du ſens, mais c'eſt vous, mal autru
Qui faites le ſçauant & n'eſtes pas congru.
L'autre, Monſieur le ſot ie vous feray bien taire.
Quoy ? comment ? eſt-ce ainſi qu'on frape Deſpautere ?
Quelle incongruité, vous mentez par les dents,
Mais vous, ainſi ces gens à ſe picquer ardents,
S'en vindrent du parler à tic tac, torche, lorgne,
Qui caſſe le muſeau, qui ſon riual éborgne,
Qui iette vn pain, vn plat, vne aſſiette, vn couteau,
Qui pour vne rondache empoigne vn eſcabeau,
L'vn faiçt plus qu'il ne peut, & l'autre plus qu'il n'oſe,
Et penſe en les voyant voir la Metamorphoſe,
Où les Centaures ſouz au Bourg Athracien,
Voulurent chauds de rains faire nopces de chien,
Et cornus du bon pere encorner le Lapite,
Qui leur fiſt à la fin enfiler la garitte,
Quand auecque des plats, des treteaux, des tiſons,
Par force les chaſſants my-morts de ſes maiſons,
Il les fiſt gentiment apres la Tragedie,
De Cheuaux deuenir gros Aſnes d'Arcadie :
Nos gens en ce combat n'eſtoient moins inhumains,
Car chacun s'eſcrimoit & des pieds & des mains :
Et comme eux tous ſanglants en ces doctes alarmes,
La fureur aueuglee en main leur miſt des armes :
Le bon Iean crie au meurtre, & ce Docteur harault;
Le Monſieur diçt tout-beau, l'on apelle Girault.
A ce nom voyant l'homme & ſa gentille trongne,
En memoire auſſi-toſt me tomba la Gaſcongne,

SATYRE X.

Ie cours à mon manteau, ie defcens l'efcalier,
Et laiffe auec ces gens Monfieur le cheualier
Qui vouloit mettre barre entre cefte canaille.
Ainfi fans coup ferir ie fors de la bataille,
Sans parler de flambeau, ny fans faire autre bruit,
Croyez qu'il n'eftoit pas, O nuict ialoufe nuict,
Car il fembloit qu'on euft aueuglé la nature,
Et faifoit vn noir brun d'auffi bonne teinture,
Que iamais on en vit fortir des Gobelins,
Argus pouuoit paffer pour vn des Quinze vingts :
Qui pis-eft il pleuuoit d'vne telle maniere,
Que les reins par defpit me feruoient de goutiere :
Et du haut des maifons tomboit vn tel degout,
Que les chiens alterez pouuoient boire debout.
 Alors me remettant fur ma philofophie,
Ie trouue qu'en ce monde il eft fot qui fe fie,
Et fe laiffe conduire, & quant aux Courtifans,
Qui doucets & gentils font tant les fuffifans,
Ie trouue les mettant en mefme patenoftre,
Que le plus fot d'entr'eux eft auffi fot qu'vn autre :
Mais pour ce qu'eftant là ie n'eftois dans le grain,
Auffi que mon manteau la nuict craint le ferain,
Voyant que mon logis eftoit loin, & peut eftre
Qu'il pourroit en chemin changer d'air & de maiftre,
Pour efuiter la pluye à l'abri de l'auuent,
I'allois doublant le pas, comme vn qui fend le vent,
Quand bronchant lourdement en vn mauuais paffage
Le Ciel me fift ioüer vn autre perfonnage :
Car heurtant vne porte en penfant m'accoter,

Ainſi qu'elle obeit ie vins à culbuter :
Et s'ouurant à mon heurt, ie tombay ſur le ventre,
On demande que c'eſt, ie me releue, i'entre :
Et voyant que le chien n'aboyoit point la nuiɑ̂,
Que les verroux greſſez ne faiſoient aucun bruit :
Qu'on me rioit au nez, & qu'vne chambriere
Vouloit monſtrer enſemble, & cacher la lumiere :
I'y ſuis, ie le voy bien, ie parle l'on reſpond,
Où ſans fleurs de bien dire, ou d'autre art plus profond,
Nous tombaſmes d'accord, le monde ie contemple,
Et me retrouue en lieu de fort mauuais exemple :
Toutesfois il falloit en ce plaiſant malheur,
Mettre pour me ſauuer en danger mon honneur.

 Puis donc que ie ſuis là, & qu'il eſt pres d'vne heure,
N'eſperant pour ce iour de fortune meilleure,
Ie vous laiſſe en repos, iuſques à quelques iours,
Que ſans parler Phœbus ie feray le diſcours
De mon giſte, où penſant repoſer à mon ayſe,
Ie tombé par malheur de la poiſle en la braiſe.

Satyre XI.

Suitte.

Voyez que c'eſt du monde, & des choſes humaines,
Touſiours à nouueaux maux naiſſent nouuelles peines,
Et ne m'ont les deſtins à mon dam trop conſtans
Iamais apres la pluye enuoyé le beau temps,
Eſtant né pour ſouffrir ce qui me reconforte,
C'eſt que ſans murmurer la douleur ie ſupporte,
Et tire ce bon-heur du mal-heur où ie ſuis,
Que ie fais en riant bon viſage aux ennuis,
Que le Ciel affrontant ie nazarde la Lune,
Et voy ſans me troubler l'vne & l'autre fortune.
 Pour lors bien m'en vallut : car contre ces aſſauts
Qui font lors que i'y penſe encor' que ie treſſauts,
Petrarque & ſon remede y perdant ſa rondache
En euſt de mariſſon ploré comme vne vache.
 Outre que de l'obiect la puiſſance s'eſmeut,
Moy qui n'ay pas le nez d'eſtre Iean qui ne peut,
Il n'eſt mal dont le ſens la nature reſueille,
Qui Ribaut ne me priſt ailleurs que par l'oreille.
Entré doncq' que ie fus en ce logis d'honneur,
Pour faire que d'abord on me traitte en Seigneur,
Et me rendre en Amour d'autant plus aggreable,

La bourse desliant ie mis piece sur table,
Et guarissant leur mal du premier appareil,
Ie fis dans vn escu reluire le Soleil,
De nuict dessus leur front la ioye estincelante
Monstroit en son midy que l'ame estoit contente,
Deslors pour me seruir chacun se tenoit prest,
Et murmuroient tout bas, l'honneste homme que c'est.
Toutes à qui mieux mieux s'efforçoient de me plaire,
L'on allume du feu dont i'auois bien affaire,
Ie m'aproche, me sieds, & m'aidant au besoing,
Ià tout appriuoisé ie mangeois sur le poing,
Quand au flamber du feu trois vieilles rechignees,
Vinrent à pas contez, comme des erignees,
Chacune sur le cul au foyer s'accropit,
Et sembloient se plaignant marmoter par despit.
L'vne comme vn fantosme affreusement hardie,
Sembloit faire l'entree en quelque Tragedie,
L'autre vne Egyptienne en qui les rides font
Contre-escarpes, rampards, & fossez sur le front.
L'autre qui de soy-mesme estoit diminutiue,
Ressembloit transparante vne lanterne viue
Dont quelque Paticier amuse les enfans,
Où des oysons bridez, Guenuches, Elefans,
Chiens, chats, liéures, renards, & mainte estrange beste
Courent l'vne apres l'autre, ainsi dedans sa teste
Voyoit-on clairement au trauers de ses os,
Ce dont sa fantasie animoit ses propos :
Le regret du passé, du present la misere,
La peur de l'auenir, & tout ce qu'elle espere

Des biens que l'Hypocondre en ſes vapeurs promet,
Quand l'humeur ou le vin luy barboüillent l'armet.
L'vne ſe pleint des reins, & l'autre d'vn côtaire,
L'autre du mal des dents, & comme en grand miſtere,
Auec trois brins de ſauge, vne figue d'antan,
Vn va-t'en, ſi tu peux, vn ſi tu peux va-t'en,
Eſcrit en peau d'oignon, entouroit ſa machoire,
Et toutes pour guarir ſe reforçoient de boire.
 Or i'ignore en quel champ d'honneur & de vertu,
Ou deſſous quels drapeaux elles ont combatu,
Si c'eſtoit mal de Sainct ou de fiéure-quartaine,
Mais ie ſçay bien qu'il n'eſt Soldat ny Capitaine,
Soit de gens de cheual, ou ſoit de gens de pié,
Qui dans la charité ſoit plus eſtropié.
Bien que maiſtre Denis ſoit ſçauant en Sculture,
Fiſt-il auec ſon art quinaude la nature,
Ou comme Michel l'Ange, euſt-il le Diable au corps,
Si ne pourroit-il faire auec tous ſes efforts,
De ces trois corps tronquez vne figure entiere,
Manquant à cet effect, non l'art mais la matiere.
 En tout elles n'auoient ſeulement que deux yeux
Encore bien flétris, rouges & chaſſieux,
Que la moitié d'vn nez, que quatre dents en bouche,
Qui durant qu'il fait vent branlent ſans qu'on les touche,
Pour le reſte il eſtoit comme il plaiſoit à Dieu,
En elles la ſanté n'auoit ny feu ny lieu :
Et chacune à par-ſoy repreſentoit l'idolle
Des fiéures, de la peſte, & de l'orde verolle.
 A ce piteux ſpectacle il faut dire le vray

J'euz vne telle horreur que tant que ie viuray,
Ie croiray qu'il n'eſt rien au monde qui guariſſe
Vn homme vicieux, comme ſon propre vice.
 Toute choſe depuis me fut à contre-cœur,
Bien que d'vn cabinet ſortiſt vn petit cœur,
Auec ſon chapperon, ſa mine de pouppee,
Diſant i'ay ſi grand peur de ces hommes d'eſpee
Que ſi ie n'euſſe veu qu'eſtiez vn Financier,
Ie me fuſſe pluſtoſt laiſſé crucifier,
Que de mettre le nez où ie n'ay rien affaire,
Iean mon mary, Monſieur, il eſt Apoticaire.
Sur tout viue l'Amour, & bran pour les Sergens,
Ardez, voire, c'eſt-mon, ie me cognois en gens,
Vous eſtes, ie voy bien, grand abbateur de quilles,
Mais au reſte honneſte homme, & payez bien les filles,
Cognoiſſez-vous, mais non, ie n'oſe le nommer,
Ma foy c'eſt vn braue homme & bien digne d'aymer,
Il ſent touſiours ſi bon, mais quoy vous l'iriez dire.
 Cependant de deſpit il ſemble qu'on me tire
Par la queuë vn matou, qui m'eſcrit ſur les reins,
De griffes & de dents, mille alibis forains :
Comme vn ſinge faſché i'en dy ma patenoſtre,
De rage ie maugree & le mien & le voſtre,
Et le noble vilain qui m'auoit attrapé.
Mais Monſieur, me diſt-elle, auez-vous point ſoupé.
Ie vous prie notez l'heure, & bien que vous en ſemble,
Eſtes-vous pas d'auis que nous couchions enſemble :
Moy crotté iuſqu'au cul, & moüillé iuſqu'à l'os,
Qui n'auois dans le lict beſoin que de repos,

Ie faillis à me pendre oyant que cefte lice
Effrontément ainfi me prefentoit la lice.
On parle de dormir, i'y confens à regret,
La Dame du logis me mene au lieu fecret,
Allant on m'entretient de Ieanne & de Macette,
Par le vray Dieu que Ieanne eftoit & claire & nette,
Claire comme vn baffin, nette comme vn denier,
Au refte, fors Monfieur, que i'eftois le premier.
Pour elle qu'elle eftoit niepce de Dame Auoye,
Qu'elle feroit pour moy de la fauce monnoye,
Qu'elle euft fermé fa porte à tout autre qu'à moy,
Et qu'elle m'aymoit plus mille fois que le Roy.
Eftourdy de cacquet ie feignois de la croire,
Nous montons, & montans d'vn c'eft-mon & d'vn voire,
Doucement en riant i'apointois noz procez,
La montee eftoit torte & de fafcheux accez,
Tout branloit deffous nous iufqu'au dernier eftage,
D'efchelle en efchelon comme vn linot en cage,
Il falloit fauteller & des pieds s'approcher
Ainfi comme vne chéure en grimpant vn rocher.
Apres cent foubres-fauts nous vinfmes en la chambre,
Qui n'auoit pas le gouft de mufc, ciuette, ou d'ambre.
La porte en eftoit baffe, & fembloit vn guichet,
Qui n'auoit pour ferrure autre engin qu'vn crochet.
Six douues de poinçon feruoient d'aix & de barre,
Qui baillant grimaffoient d'vne façon bizarre,
Et pour fe reprouuer de mauuais entretien,
Chacune par grandeur fe tenoit fur le fien,
Et loin l'vne de l'autre en leur mine alteree

Monſtroient leur ſainɔte vie eſtroite & retiree.
  Or comme il pleut au Ciel en trois doubles plié,
Entrant ie me heurté la caboche & le pié,
Dont ie tombe en arriere eſtourdi de ma cheute,
Et du haut iuſqu'au bas ie fis la cullebutte :
De la teſte & du cul contant chaque degré,
Puis que Dieu le voulut ie prins le tout à gré.
Auſſi qu'au meſme temps voyant choir ceſte Dame,
Par ie ne ſçay quel trou ie luy vis iuſqu'à l'ame,
Qui fiſt en ce beau ſault m'eſclatant comme vn fou,
Que ie prins grand plaiſir à me rompre le cou.
Au bruit Macette vint, la chandelle on apporte,
Car la noſtre en tombant de frayeur eſtoit morte :
Dieu ſçait comme on la vit & derriere & deuant,
Le nez ſur les carreaux & le feſſier au vent,
De quelle charité l'on ſoulagea ſa peine.
Cependant de ſon long ſans poux & ſans haleine,
Le muſeau vermoulu, le nez eſcarboüillé,
Le viſage de poudre & de ſang tout foüillé,
Sa teſte deſcouuerte où l'on ne ſçait que tondre,
Et lors qu'on luy parloit qui ne pouuoit reſpondre
Sans collet, ſans beguin, & ſans autre affiquet,
Ses mules d'vn coſté de l'autre ſon tocquet.
En ce plaiſant mal-heur ie ne ſçaurois vous dire
S'il en falloit pleurer ou s'il en falloit rire ?
Apres ceſt accident trop long pour dire tout,
A deux bras on la prend & la met-on debout,
Elle reprend courage, elle parle, elle crie,
Et changeant en vn rien ſa douleur en furie,

SATYRE XI.

Dift à Ieanne en mettant la main fur le roignon,
C'eft, mal-heureufe toy qui me porte guignon :
A d'autres beaux difcours la collere la porte,
Tant que Macette peut elle la reconforte :
Cependant ie la laiffe & la chandelle en main,
Regrimpant l'efcalier ie fuy mon vieux deffein.
I'entre dans ce beau lieu, plus digne de remarque
Que le riche Palais d'vn fuperbe Monarque.
Eftant là ie furette aux recoings plus cachez,
Où le bon Dieu voulut que pour mes vieux pechez,
Ie fçeuffe le defpit dont l'âme eft forcenee,
Lors que trop curieufe ou trop endemenee,
Rodant de tous coftez & tournant haut & bas,
Elle nous fait trouuer ce qu'on ne cherche pas.
Or en premier item fouz mes pieds ie rencontre
Vn chaudron ebreché, la bourfe d'vne monftre,
Quatre boëtes d'vnguents, vne d'alun bruflé,
Deux gands depariez, vn manchon tout pelé,
Trois fioles d'eau bleuë, autrement d'eau feconde,
La petite feringue, vne efponge, vne fonde,
Du blanc, vn peu de rouge, vn chifon de rabat,
Vn balet pour brufler en allant au Sabat,
Vne vieille lanterne, vn tabouret de paille,
Qui s'eftoit fur trois pieds fauué de la bataille,
Vn baril defoncé, deux bouteilles fur-cu,
Qui difoient fans goulet nous auons trop vefcu :
Vn petit fac tout plein de poudre de Mercure,
Vn vieux chapperon gras de mauuaife teinture,
Et dedans vn coffret qui s'ouure auecq' enhan,

Ie trouue des tifons du feu de la fainct Iean,
Du fel, du pain benit, de la feugere, vn cierge,
Trois dents de mort pliez en du parchemin vierge,
Vne Chauue-fouris, la carcaffe d'vn Gay,
De la greffe de loup & du beurre de May.
  Sur ce point Ieanne arriue & faifant la doucette,
Qui vit ceans ma foy n'a pas befongne faite :
Toufiours à nouueau mal nous vient nouueau foucy,
Ie ne fçay quant à moy quel logis c'eft icy.
Il n'eft par le vrai Dieu iour ouurier ny fefte,
Que ces carongnes là ne me rompent la tefte,
Bien bien, ie m'en iray fi toft qu'il fera iour,
On trouue dans Paris d'autres maifons d'amour.
Ie fuis là cependant comme vn que l'on nazarde,
Ie demande que c'eft? Hé! n'y prenez pas garde,
Ce me refpondit elle, on n'auroit iamais fait,
Mais bran, bran, i'ay laiffé, là-bas mon attifet,
Toufiours apres foupper cefte vilaine crie.
Monfieur, n'eft-il pas temps, couchons nous ie vous prie.
Cependant elle met fur la table les dras,
  Qu'en bouchons tortillez elle auoit fous le bras :
Elle approche du lict fait d'vne eftrange forte,
Sur deux treteaux boiteux fe couchoit vne porte,
Où le lict repofoit, auffi noir qu'vn foüillon,
Vn garderobe gras feruoit de pauillon,
De couuerte vn rideau, qui fuyant (vert & iaune)
Les deux extremitez, eftoit trop court d'vne aune.
Ayant confideré le tout de point en point,
Ie fis vœu cefte nuict de ne me coucher point,

Et de dormir fur pieds comme vn coq fur la perche ;
Mais Ieanne tout en rut s'aproche & me recherche,
D'amour ou d'amitié, duquel qu'il vous plaira,
Et moy, maudit foit-il, m'amour qui le fera.
Polyenne pour lors me vint en la penfee,
Qui fçeut que vaut la femme en amour offenfee,
Lors que par impuiffance, ou par mefpris la nuit,
On fauce compagnie ou qu'on manque au defduit,
C'eft pourquoy i'euz grand peur qu'on me trouffaft en malle,
Qu'on me foüetaft pour voir fi i'auois point la galle,
Qu'on me crachaft au nez, qu'en perche on me le mift
Et que l'on me bernaft fi fort qu'on m'endormift,
Ou me baillant du Iean Ieanne vous remercie,
Qu'on me tabourinaft le cul d'vne veffie.
Cela fut bien à craindre & fi ie l'euité,
Ce fut plus par bon-heur que par dexterité.
Ieanne non moins que Circe entre fes dents murmure,
Sinon tant de vengeance, aumoins autant d'iniure :
Or pour flater en fin fon mal-heur & le mien,
Ie dis quand ie fais mal, c'eft quand ie paye bien,
Et faifant reuerence à ma bonne fortune,
En la remerciant ie le conte pour vne.
Ieanne rongeant fon frein de mine s'apaifa
Et prenant mon argent en riant me baifa,
Non pour ce que i'en dis, ie n'en parle pas, voire,
Mon maiftre penfez-vous i'entends bien le grimoire,
Vous eftes honnefte homme & fçauez l'entre-gent,
Mais monfieur croyez vous que ce foit pour l'argent,
I'en faits autant d'eftat comme de chaneuottes,

Non, ma foy i'ay encor vn demy-ceint, deux cottes,
Vne robe de farge, vn chapperon, deux bas,
Trois chemifes de lin, fix mouchoirs, deux rabats,
Et ma chambre garnie aupres de fainct Euftache,
Pourtant ie ne veux pas que mon mary le fçache :
Difant cecy toufiours fon lict elle braffoit,
Et les linceux trop cours par les pieds tiraffoit,
Et fift à la fin tant par fa façon adroite,
Qu'elle les fift venir à moitié de la coite.
Dieu fçait quels lacs d'amour, quels chiffres, quelles fleurs,
De quels compartiments & combien de couleurs,
Releuoient leur maintien, & leur blancheur naïfue,
Blanchie en vn fiué, non dans vne leffiue.
Comme fon lict eft fait, que ne vous couchez-vous,
Monfieur n'eft-il pas temps, & moy de filer dous,
Sur ce point elle vient, me prend & me détache,
Et le pourpoint du dos par force elle m'arrache,
Comme fi noftre ieu fuft au Roi defpoüillé,
I'y refifte pourtant, & d'efprit embroüillé,
Comme par compliment ie tranchois de l'honnefte,
N'y pouuant rien gaigner ie me gratte la tefte.
A la fin ie pris cœur, refolu d'endurer
Ce qui pouuoit venir fans me defefperer,
Qui fait vne follie il la doit faire entiere,
Ie détache vn fouillé, ie m'ofte vne iartiere,
Froidement toutesfois, & femble en ce coucher,
Vn enfant qu'vn Pedant contraint fe détacher,
Que la peur tout enfemble efperonne & retarde :
A chacune efguillette il fe fafche, regarde,

Les yeux couuers de pleurs, le visage d'ennuy,
Si la grace du Ciel ne descend point sur luy.
L'on heurte sur ce point, Catherine on appelle,
Ieanne pour ne respondre estaignit la chandelle,
Personne ne dit mot, l'on refrappe plus fort,
Et faisoit-on du bruit pour réueiller vn mort :
A chaque coup de pied toute la maison tremble,
Et semble que le seste à la caue s'assemble.
Bagasse ouuriras-tu ? c'est cestuy-ci, c'est-mon.
Ieanne ce temps-pendant me faisoit vn sermon.
Que Diable aussi, pourquoy ? que voulez-vous qu'on face,
Que ne vous couchiez-vous. Ces gens de la menace
Venant à la priere essayoient tout moyen.
Or ilz parlent Soldat & ores Citoyen,
Ilz contrefont le guet & de voix magistrale,
Ouurez de par le Roy, au Diable vn qui deuale,
Vn chacun sans parler se tient clos & couuert.
Or comme à coups de pieds l'huis s'estoit presque ouuert,
Tout de bon le Guet vint, la quenaille fait Gille,
Et moy qui iusques-là demeurois immobile
Attendant estonné le succez de l'assaut,
Ce pensé-ie il est temps que ie gaigne le haut,
Et troussant mon pacquet de sauuer ma personne :
Ie me veux r'habiller, ie cherche, ie tastonne,
Plus estourdy de peur que n'est vn hanneton :
Mais quoy, plus on se haste & moins auance t'on.
Tout comme par despit se trouuoit souz ma pate,
Au lieu de mon chappeau ie prens vne sauate,
Pour mon pourpoint ses bas, pour mes bas son collet,

Pour mes gands ſes ſouliers, pour les miens vn ballet,
Il ſembloit que le Diable euſt fait ce tripotage
Or Ieanne me diſoit pour me donner courage,
Si mon compere Pierre eſt de garde auiourd'huy,
Non, ne vous faſchez point, vous n'aurez point d'ennuy.
Cependant ſans delay Meſſieurs frapent en maiſtre,
On crie patience, on ouure la feneſtre.
Or ſans plus m'amuſer apres le contenu,
Ie deſcends doucement pied chauffé l'autre nu,
Et me tapis d'aguet derriere vne muraille,
On ouure & bruſquement entra ceſte quenaille,
En humeur de nous faire vn aſſez mauuais tour,
Et moy qui ne leur diſt ny bon ſoir ny bon iour,
Les voyant tous paſſez ie me ſentis alaigre,
Lors diſpos du talon ie vais comme vn chat maigre,
I'enfile la venelle, & tout leger d'effroy,
Ie cours vn fort long-temps ſans voir derriere moy :
Iuſqu'à tans que trouuant du mortier, de la terre,
Du bois, des eſtançons, mains plâtras, mainte pierre,
Ie me ſentis pluſtoſt au mortier embourbé,
Que ie ne m'aperçeus que ie fuſſe tombé.

On ne peut eſuiter ce que le Ciel ordonne,
Mon âme cependant de colere friſſonne,
Et prenant s'elle euſt peu le deſtin à party,
De deſpit à ſon nez elle l'euſt dementy,
Et m'aſſeure qu'il euſt reparé mon dommage.
Comme ie fus ſus pieds enduit comme vne image,
I'entendis qu'on parloit, & marchant à grands pas,
Qu'on diſoit haſtons-nous ie l'ay laiſſé fort bas,

Ie m'aproche, ie voy, defireux de cognoiftre,
Au lieu d'vn medecin il luy faudroit vn Preftre,
Dift l'autre, puis qu'il eft fi proche de fa fin,
Comment, dift le valet eftes-vous medecin,
Monfieur pardonnez moy le Curé ie demande,
Il s'encourt, & difant Adieu me recommande,
Il laiffe là monfieur fafché d'eftre deceu.
Or comme allant toufiours de pres ie l'aperceu,
Ie cogneu que c'eftoit noftre amy, ie l'aproche,
Il me regarde au nez, & riant me reproche
Sans flambeau l'heure indeuë & de pres me voyant
Fangeux comme vn pourceau, le vifage effroyant,
Le manteau fous le bras, la façon affoupie,
Eftes-vous trauaillé de la Licantropie,
Dift-il en me prenant pour me tafter le pous,
Et vous, dy-ie, Monfieur, quelle fiéure auez-vous ?
Vous qui tranchez du fage ainfi parmy la ruë,
Faites vous fus vn pied toute la nuiƈt la gruë ?
Il voulut me conter comme on l'auoit pipé,
Qu'vn valet du fommeil ou de vin occupé,
Souz couleur d'aller voir vne femme malade
L'auoit galantement payé d'vne caffade :
Il nous faifoit bon voir tous deux bien eftonnez,
Auant iour par la ruë auecq' vn pied de nez,
Luy pour s'eftre leué efperant deux piftoles
Et moy tout las d'auoir receu tant de bricolles.
Il fe met en difcours, ie le laiffe en riant,
Auffi que ie voyois aux riues d'Oriant
Que l'aurore s'ornant de faffran & de rofes,

Se faisant voir à tous faisoit voir toutes choses,
Ne voulant pour mourir qu'vne telle beauté
Me vist en se leuant si sale & si croté,
Elle qui ne m'a veu qu'en mes habits de feste.
Ie cours à mon logis, ie heurte, ie tempeste,
Et croyez à frapper que ie n'estois perclus :
On m'ouure, & mon valet ne me recognoist plus,
Monsieur n'est pas ici, que Diable à si bonne heure,
Vous frappez comme vn sourd, quelque temps ie demeure,
Ie le vois, il me voit, & demande estonné,
Si le moine bouru m'auoit point promené,
Dieu, comme estes-vous fait, il va, moy de le suiure,
Et me parle en riant comme si ie fusse yure,
Il m'allume du feu, dans mon lict ie me mets,
Auec vœu si ie puis de n'y tomber iamais,
Ayant à mes despens appris ceste sentence,
Qui gay fait vne erreur, la boit à repentance,
Et que quand on se frotte auecq' les Courtisans,
Les branles de sortie en sont fort desplaisants,
Plus on penetre en eux plus on sent le remeugle,
Et qui troublé d'ardeur entre au bordel aueugle,
Quand il en sort il a plus d'yeux & plus aigus,
Que Lyncé l'Argonaute ou le ialoux Argus.

A Monsieur Freminet.

Satyre XII.

On dit que le grand Paintre ayant fait vn ouurage,
Des iugemens d'autruy tiroit cest auantage,
Que selon qu'il iugeoit qu'ils estoient vrays, ou faux,
Docile à son profit, reformoit ses defaux,
Or c'estoit du bon tans que la hayne & l'enuye
Par crimes supofez n'attentoient à la vie,
Que le Vray du Propos estoit cousin germain,
Et qu'vn chacun parloit le cœur dedans la main.

  Mais que seruiroit-il maintenant de pretendre
S'amander par ceux là qui nous viennent reprendre.
Si selon l'interest tout le monde discourt :
Et si la verité n'est plus femme de court :
S'il n'est bon Courtisan, tant frisé peut-il estre,
S'il a bon apetit, qu'il ne iure à son maistre
Des la pointe du iour, qu'il est midy sonné,
Et qu'au logis du Roy tout le monde a disné,
Estrange effronterie en si peu d'importance.
Mais de ce costé là ie leur donrois quittance,
S'ils vouloient s'obliger d'epargner leurs amys,
Où par raison d'estat il leur est bien permis.

  Cecy pourroit suffire à refroidir vne ame

Qui n'ofe rien tenter pour la crainte du blafme,
A qui la peur de perdre enterre le talent :
Non pas moy qui me ry d'vn efprit nonchalant
Qui pour ne faillir point retarde de bien faire :
C'eft pourquoy maintenant ie m'expofe au vulgaire
Et me donne pour bute aux iugements diuers.
Qu'vn chacun taille, roigne, & glofe fur mes vers,
Qu'vn refueur infolent d'ignorance m'accufe
Que ie ne fuis pas net, que trop fimple eft ma Mufe,
Que i'ai l'humeur bizarre, inégual le cerueau,
Et s'il luy plaift encor qu'il me relie en veau.

Auant qu'aller fi vite, au moins ie le fupplie
Sçauoir que le bon vin ne peut eftre fans lie,
Qu'il n'eft rien de parfait en ce monde auiourd'huy :
Qu'homme ie fuis fuget à faillir comme luy :
Et qu'au furplus, pour moy, qu'il fe face paroiftre
Auffi vray, que pour luy, ie m'efforce de l'eftre.

Mais fçais-tu Freminet ceux qui me blafmeront,
Ceux qui dedans mes vers leurs vices trouueront,
A qui l'Ambition la nuit tire l'oreille,
De qui l'efprit auare en repos ne fomeille,
Toufiours s'alambiquant apres nouueaux partis,
Qui pour Dieu, ny pour loy, n'ont que leurs apetis,
Qui rodent toute nuict, troublez de ialoufie,
A qui l'amour lafcif regle la fantafie,
Qui preferent vilains le profit à l'honneur,
Qui par fraude ont rauy les terres d'vn myneur.

Telles fortes de gens vont apres les Pœtes,
Comme apres les hiboux vont criant les Chouëttes :

Leurs femmes vous diront fuyez ce medifant,
Facheufe eft fon humeur, fon parler eft cuifant,
Quoy Monfieur ! n'eft-ce pas ceft homme à la Satyre,
Qui perdroit fon amy, pluftoft qu'vn mot pour rire,
Il emporte la piece ! & c'eft là de par-Dieu,
(Ayant peur que ce foit celle-là du milieu)
Où le foulier les blece, autrement ie n'eftime
Qu'aucune euft volonté de m'accufer de crime.

 Car pour elles depuis qu'elles viennent au point,
Elles ne voudroient pas que l'on ne le fceuft point,
Vn grand contentement mal-aifement se celle :
Puis c'eft des amoureux la regle vniuerfelle,
De defferer fi fort à leur affection
Qu'ils eftiment honneur leur folle paffion.

 Et quand eft de l'honneur de leurs maris, ie penfe
Qu'aucune à bon efcient n'en prendroit la deffence,
Sçachant bien qu'on n'eft pas tenu par charité,
De leur donner vn bien qu'elles leur ont ofté.

 Voilà le grand mercy que i'auray de mes paines,
C'eft le cours du marché des affaires humaines,
Qu'encores qu'vn chacun vaille icy bas fon pris
Le plus cher toutesfois eft fouuent à mépris.

 Or amy ce n'eft point vne humeur de médire
Qui m'ayt fait rechercher cefte façon d'écrire,
Mais mon Pere m'aprift que des enfeignemens
Les humains aprentifs formoient leurs iugemens,
Que l'exemple d'autruy doibt rendre l'homme fage,
Et guettant à propos les fautes au paffage,
Me difoit, confidere où ceft homme eft reduict

Par son ambition, cest autre toute nuict,
Boit auec des Putains, engage son domaine,
L'autre sans trauailler, tout le iour se promeyne,
Pierre le bon enfant aux dez a tout perdu,
Ces iours le bien de Iean par decret fut vendu,
Claude ayme sa voysine, & tout son bien luy donne :
Ainsi me mettant l'œil sur chacune personne
Qui valoit quelque chose, ou qui ne valoit rien,
M'aprenoit doucement & le mal & le bien,
Affin que fuyant l'vn, l'autre ie recherchasse,
Et qu'aux despens d'autruy sage ie m'enseignasse.
  Sçays tu si ces propos me sçeurent esmouuoir,
Et contenir mon ame en vn iuste deuoir,
S'ils me firent penser à ce que l'on doit suiure
Pour bien & iustement en ce bas monde viure.
  Ainsi que d'vn voisin le trespas suruenu
Fait resoudre vn malade en son lict detenu
A prendre malgré luy tout ce qu'on luy ordonne,
Qui pour ne mourir point de crainte se pardonne,
De mesmes les espris debonnaires & doux
Se façonnent prudens, par l'exemple des foux,
Et le blasme d'autruy leur fait ces bons offices,
Qu'il leur aprend que c'est de vertus, & de vices.
  Or quoy que i'aye fait, si m'en font-ils restez,
Qui me pouront par l'age, à la fin estre ostez,
Ou bien de mes amis auec la remonstrance,
Ou de mon bon Demon fuyant l'intelligence :
Car quoy qu'on puisse faire estant homme, on ne peut
Ny viure comme on doit, ny viure comme on veut.

SATYRE XII.

En la terre icy bas il n'habitte point d'Anges :
Or les moins vicieux meritent des loüanges,
Qui fans prendre l'autruy, viuent en bon Chreſtien,
Et font ceux qu'on peut dire & faincts & gens de bien.
 Quand ie fuis à par moy fouuent ie m'eſtudie,
(Tant que faire fe peut) apres la maladie
Dont chacun eſt blecé, ie penfe à mon deuoir
l'ouure les yeux de l'ame, & m'efforce de voir
Au trauers d'vn chacun, de l'efprit ie m'efcrime,
Puis deſſus le papier mes caprices ie rime,
Dedans vne Satyre, où d'vn œil doux amer,
Tout le monde s'y voit, & ne s'y fent nommer.
 Voilà l'vn des pechez, où mon ame eſt encline,
On dit que pardonner eſt vne œuure diuine,
Celuy m'obligera qui voudra m'excufer,
A fon gouſt toutesfois chacun en peut vfer :
Quant à ceux du meſtier, ils ont de quoy s'ebatre,
Sans aller fur le pré nous nous pouuons combatre,
Nous montrant feulement de la plume ennemis,
En ce cas là du Roy les duëls font permis :
Et faudra que bien forte ils facent la partie,
Si les plus fins d'entre eux s'en vont fans repartie.
 Mais c'eſt vn Satyrique il le faut laiſſer là :
Pour moi i'en fuis d'auis, & cognois à cela
Qu'ils ont vn bon efprit, Corfaires à Corfaires,
L'vn l'autre s'attaquant, ne font pas leurs affaires.

Macette.

Satyre XIII.

La fameuse Macette à la Cour si connuë,
Qui s'est aux lieux d'honneur en credit maintenuë,
Et qui depuis dix ans, iusqu'en ses derniers iours,
A soustenu le prix en l'escrime d'amours,
Lasse en fin de seruir au peuple de quintaine,
N'estant passe-volant, soldat ny capitaine,
Depuis les plus chetifs iusques aux plus fendans,
Qu'elle n'ait desconfit & mis dessus les dents,
Lasse, di-ie, & non soule en fin s'est retiree
Et n'a plus autre obiet que la voute Etheree,
Elle qui n'eust auant que plorer son delit
Autre ciel pour obiet que le ciel de son lict,
A changé de courage, & confitte en destresse
Imite auec ses pleurs la saincte pecheresse,
Donnant des sainctes loix à son affection,
Elle a mis son amour à la deuotion.
Sans art elle s'habille & simple en contenance,
Son teint mortifié presche la continence,
Clergesse elle fait ià la leçon aux prescheurs,
Elle lit sainct Bernard, la Guide des Pecheurs,
Les Meditations de la mere Therese,

Sçait que c'eſt qu'hypoſtaſe, auecque ſyndereſe,
Iour & nuict elle va de conuent en conuent,
Viſite les ſaincts lieux, ſe confeſſe ſouuent,
A des cas reſeruez grandes intelligences,
Sçait du nom de Ieſus toutes les Indulgences,
Que valent chapelets, grains benits enfilez,
Et l'ordre du cordon des peres recollez.
Loin du monde elle fait ſa demeure & ſon giſte,
Son œil tout penitent ne pleure qu'eau beniſte,
En fin c'eſt vn exemple en ce ſiecle tortu
D'amour, de charité, d'honneur & de vertu.
Pour Beate par tout le peuple la renomme,
Et la Gazette meſme a des-ià dit à Rome
La voyant aymer Dieu & la chair maiſtriſer
Qu'on n'attend que ſa mort pour la canoniſer.
Moy meſme qui ne croy de leger aux merueilles,
Qui reproche ſouuent mes yeux & mes oreilles,
La voyant ſi changée en vn temps ſi ſubit,
Ie creu qu'elle l'eſtoit d'ame comme d'habit,
Que Dieu la retiroit d'vne faute ſi grande,
Et diſois à par moy, mal vit qui ne s'amende,
Ià des-ià tout deuot contrit & penitent,
Ie fus à ſon exemple eſmeu d'en faire autant,
Quand par arreſt du Ciel qui hait l'hypocriſie,
Au logis d'vne fille où i'ay ma fantaiſie,
N'ayant pas tout à fait mis fin à ſes vieux tours,
La vieille me rendit teſmoin de ſes diſcours.
Tapy dans vn recoin & couuert d'vne porte
I'entendy ſon propos, qui fut de ceſte ſorte,

Ma fille, Dieu vous garde & vous vueille benir,
Si ie vous veux du mal, qu'il me puiſſe aduenir,
Qu'euſſiez vous tout le bien dont le Ciel vous eſt chiche,
L'ayant ie n'en feroy plus pauure ny plus riche :
Car n'eſtant plus du monde au bien ie ne pretens,
Ou bien ſi i'en defire, en l'autre ie l'attens,
D'autre choſe icy bas, le bon Dieu ie ne prie :
A propos, ſçauez-vous ? on dit qu'on vous marie,
Ie ſçay bien voſtre cas, vn homme grand, adroit,
Riche & Dieu ſçait s'il a tout ce qu'il vous faudroit,
Il vous ayme ſi fort, auſſi pourquoy ma fille
Ne vous aimeroit-il, vous eſtes ſi gentille,
Si mignonne & ſi belle, & d'vn regard ſi doux,
Que la beauté plus grande eſt laide aupres de vous :
Mais tout ne reſpond pas au traict de ce viſage,
Plus vermeil qu'vne roſe & plus beau qu'vn riuage,
Vous deuriez eſtant belle auoir de beaux habits,
Eſclater de ſatin, de perles, de rubis.
Le grand regret que i'ay, non pas à Dieu ne plaiſe,
Que i'en ay' de vous voir belle & bien à voſtre aiſe :
Mais pour moy ie voudrois que vous euſſiez au moins
Ce qui peut en amour ſatisfaire à vos ſoins,
Que cecy fuſt de ſoye & non pas d'eſtamine.
Ma foy les beaux habits feruent bien à la mine,
On a beau s'agencer & faire les doux yeux,
Quand on eſt bien paré on en eſt touſiours mieux :
Mais ſans auoir du bien, que ſert la renommee ?
C'eſt vne vanité confuſement ſemee,
Dans l'eſprit des humains vn mal d'opinion,

Vn faux germe auorté dans noftre affection.
Ces vieux contes d'honneur dont on repaift les Dames
Ne font que des appas pour les debiles ames
Qui fans chois de raifon ont le cerueau perclus.
L'honneur eft vn vieux fainct que l'on ne chomme plus
Il ne fert plus de rien, finon d'vn peu d'excufe,
Et de fot entretien pour ceux là qu'on amufe,
Ou d'honnefte refus quand on ne veut aymer,
Il eft bon en difcours pour fe faire eftimer :
Mais au fonds c'eft abus fans excepter perfonne,
La fage le fçait vendre où la fotte le donne.

 Ma fille c'eft par là qu'il vous en faut auoir,
Nos biens comme nos maux font en noftre pouuoir.
Fille qui fçait fon monde a faifon oportune,
Chacun eft artifan de fa bonne fortune,
Le mal-heur par conduite au bonheur cedera.
Aydez vous feulement & Dieu vous aydera.
Combien pour auoir mis leur honneur en fequeftre,
Ont elles aux atours efchangé le limeftre,
Et dans les plus hauts rangs efleué leurs maris :
Ma fille c'eft ainfi que l'on vit à Paris,
Et la vefue auffi bien comme la mariee,
Celle eft chafte fans plus qui n'en eft point pfiee.
Toutes au fait d'amour fe chauffent en vn poinct
Et Ieanne, que tu vois dont on ne parle point,
Qui fait fi doucement la fimple & la difcrete
Elle n'eft pas plus chafte, ains elle eft plus fecrete,
Elle a plus de refpect non moins de paffion
 Et cache fes amours fous fa difcretion.

Moy mefme croiriez vous pour eftre plus âgee
Que ma part comme on dit en fuft defià mangee,
Non ma foy ie me fents & dedans & dehors
Et mon bas peut encor vfer deux ou trois corps.
Mais chafque âge a fon temps, felon le drap la robe,
Ce qu'vn temps on a trop en l'autre on le defrobe :
Eftant ieune i'ay fçeu bien vfer des plaifirs,
Ores i'ay d'autres foins en femblables defirs,
Ie veux paffer mon temps & couurir le myftere,
On trouue bien la cour dedans vn monaftere,
Et apres maint effay en fin i'ay reconnu
Qu'vn homme comme vn autre eft vn moine tout nu,
Puis outre le fainct vœu qui fert de couuerture,
Ils font trop obligez au fecret de nature
Et fçauent plus difcrets apporter en aymant,
Auecque moins d'efclat plus de contentement.
C'eft pourquoy defguifant les boüillons de mon ame,
D'vn long habit de cendre enuelopant ma flame,
Ie cache mon deffein aux plaifirs adonné,
Le peché que l'on cache eft demi pardonné,
La faute feullement ne gift en la deffence,
Le fcandale & l'opprobre eft caufe de l'offence,
Pourueu qu'on ne le fçache il n'importe comment,
Qui peut dire que non ne peche nullement,
Puis la bonté du Ciel nos offences furpaffe,
Pourueu qu'on fe confeffe on a toufiours fa grace,
Il donne quelque chofe à noftre paffion,
Et qui ieune n'a pas grande deuotion,
Il faut que pour le monde à la feindre il s'exerce :

« C'est entre les deuots vn estrange commerce,
« Vn trafic par lequel au ioly temps qui court
« Toute affaire fafcheufe est facile à la Cour.
Ie fçay bien que voſtre âge encore ieune & tendre,
Ne peut ainſi que moy ces myſteres comprendre :
Mais vous deuriez ma fille en l'âge où ie vous voy,
Eſtre riche, contente, auoir fort bien dequoy,
Et pompeufe en habits, fine, accorte & rufee,
Reluire de ioyaux ainſi qu'vne eſpouſée :
Il faut faire vertu de la neceſſité,
Qui fçait viure icy bas n'a iamais pauureté,
Puis qu'elle vous deffend des dorures l'vſage,
Il faut que les brillants foient en voſtre viſage,
Que voſtre bonne grace en acquiere pour vous :
« Se voir du bien, ma fille, il n'eſt rien de ſi doux,
« S'enrichir de bonne heure eſt vne grand' fageſſe,
« Tout chemin d'acquerir ſe ferme à la vieilleſſe
« A qui ne reſte rien auec la pauureté,
« Qu'vn regret eſpineux d'auoir iadis eſté.
Où lors qu'on a du bien, il n'eſt ſi decrepite
Qui ne trouue (en donnant) couuercle à ſa marmite.
  Non, non, faites l'amour, & vendez aux amans
Vos accueils, vos baiſers & vos embraſſemens,
C'eſt gloire & non pas honte en ceſte douce peine
Des acqueſts de ſon lict accroiſtre ſon domaine,
Vendez ces doux regards, ces attraicts, ces appas,
Vous meſme vendez vous, mais ne vous liurez pas,
Conſeruez vous l'eſprit, gardez voſtre franchiſe,
Prenez tout s'il ſe peut, ne ſoyez iamais priſe.

Celle qui par amour s'engage en ces mal-heurs,
Pour vn petit plaifir, a cent mille douleurs,
Puis vn homme au defduit ne vous peut fatisfaire,
Et quand plus vigoureux il le pourroit bien faire,
Il faut tondre fur tout & changer à l'inftant,
L'enuie en eft bien moindre & le gain plus contant.
Sur tout foyez de vous la maiftreffe & la dame,
Faites s'il eft poffible, vn miroir de voftre ame,
Qui reçoit tous obiects & tout content les pert,
Fuyez ce qui vous nuift, aymez ce qui vous fert,
Faites profit de tout, & mefme de vos pertes,
A prendre fagement ayez les mains ouuertes,
Ne faites s'il fe peut iamais prefent ny don
Si ce n'eft d'vn chabot pour auoir vn gardon.
Par fois on peut donner pour les galands attraire,
A ces petits prefents ie ne fuis pas contraire,
Pourueu que ce ne foit que pour les amorcer :
Les fines en donnant fe doiuent efforcer
A faire que l'efprit & que la gentilleffe
Face eftimer les dons & non pas la richeffe,
Pour vous eftimez plus qui plus vous donnera,
Vous gouuernant ainfi Dieu vous affiftera,
Au refte n'efpargnez ny Gaultier ny Garguille.
Qui fe trouuera pris ie vous pri' qu'on l'eftrille,
Il n'eft que d'en auoir, le bien eft toufiours bien,
Et ne vous doit chaloir ny de qui, ny combien.
Prenez à toutes mains, ma fille & vous fouuienne
Que le gain a bon gouft de quelque endroit qu'il vienne.
Eftimez vos amans felon le reuenu :

SATYRE XIII.

Qui donnera le plus qu'il foit le mieux venu,
Laiffez la mine à part, prenez garde à la fomme,
Riche vilain vaut mieux que pauure Gentil-homme :
Ie ne iuge pour moy les gens fur ce qu'ils font,
Mais felon le profit & le bien qu'ils me font.
Quand l'argent eft meflé l'on ne peut reconnoiftre
Celuy du feruiteur d'auec celuy du maiftre,
L'argent d'vn cordon bleu n'eft pas d'autre façon
Que celuy d'vn fripier ou d'vn aide à maçon,
Que le plus & le moins y mette difference
Et tienne feullement la partie en fouffrance,
Que vous reftablirez du iour au lendemain
Et toufiours retenez le bon bout à la main,
De crainte que le temps ne deftruife l'affaire :
Il faut fuiure de pres le bien que l'on differe
Et ne le differer qu'entant que l'on le peut,
Ou fe puiffe aifement reftablir quand on veut.
Tous ces beaux fuffifans, dont la cour eft femee,
Ne font que triacleurs & vendeurs de fumee,
Ils font beaux, bien peignez, belle barbe au menton :
Mais quand il faut payer, au diantre le tefton,
Et faifant des mouuans & de l'ame faifie,
Ils croyent qu'on leur doit pour rien la courtoifie,
Mais c'eft pour leur beau nez : le puits n'eft pas commun.
Si i'en auois vn cent, ils n'en auroient pas vn.

Et le Poëte croté auec fa mine auftere
Vous diriez à le voir que c'eft vn fecretaire,
Il va melancolique & les yeux abaiffez,
Comme vn Sire qui plaint fes parens trefpaffez.

Mais Dieu sçait, c'est vn homme aussi bien que les autres.
Iamais on ne luy voit aux mains des patenostres,
Il hante en mauuais lieux, gardez vous de cela,
Non, si i'estoy de vous, ie le planteroy là.
Et bien il parle liure, il a le mot pour rire :
Mais au reste apres tout, c'est vn homme à Satyre,
Vous croiriez à le voir qu'il vous deust adorer,
Gardez, il ne faut rien pour vous des-honorer.
Ces hommes mesdisans ont le feu sous la leure,
Ils sont matelineurs, prompts à prendre la cheure,
Et tournent leurs humeurs en bijarres façons,
Puis ils ne donnent rien si ce n'est des chansons :
Mais non, ma fille non, qui veut viure à son aise,
Il ne faut simplement vn amy qui vous plaise,
Mais qui puisse au plaisir ioindre l'vtilité,
En amour autrement c'est imbecilité,
Qui le fait à credit n'a pas grande resource,
On y fait des amis, mais peu d'argent en bourse.
Prenez moy ces Abbez, ces fils de financiers
Dont depuis cinquante ans les peres vsuriers,
Volans à toutes mains, ont mis en leur famille
Plus d'argent que le Roy n'en a dans la Bastille,
C'est là que vostre main peut faire de beaux cous,
Ie sçay de ces gens là qui languissent pour vous :
Car estant ainsi ieune en vos beautez parfaites,
Vous ne pouuez sçauoir tous les coups que vous faites,
Et les traicts de vos yeux haut & bas eslancez,
Belle, ne voyent pas tous ceux que vous blessez,
Tel s'en vient plaindre à moy qui n'ose le vous dire,

Et tel vous rit de iour qui toute nuict fouspire,
Et se plaint de son mal, d'autant plus vehement,
Que vos yeux sans dessein le font innocemment.
En amour l'innocence est vn sçauant mystere,
Pourueu que ce ne soit vne innocence austere,
Mais qui sçache par art donnant vie & trespas,
Feindre auecques douceur qu'elle ne le sçait pas :
Il faut aider ainsi la beauté naturelle,
L'innocence autrement est vertu criminelle,
Auec elle il nous faut & blesser & garir,
Et parmy les plaisirs faire viure & mourir.
Formez vous des desseins dignes de vos merites,
Toutes basses amours sont pour vous trop petites,
Ayez dessein aux dieux, pour de moindres beautez
Ils ont laissé iadis les cieux des-habitez.
 Durant tous ces discours, Dieu sçait l'impatience :
Mais comme elle a tousiours l'œil à la deffiance,
Tournant deçà delà vers la porte où i'estois,
Elle vist en sursaut comme ie l'escoutois,
Elle trousse bagage, & faisant la gentille,
Ie vous verray demain, à Dieu, bon soir ma fille.
Ha vieille, dy-ie, lors qu'en mon cœur ie maudis,
Est-ce là le chemin pour gaigner Paradis,
Dieu te doint pour guerdon de tes œuures si sainctes,
Que soient auant ta mort tes prunelles esteintes,
Ta maison descouuerte & sans feu tout l'Hyuer,
Auecque tes voisins iour & nuict estriuer
Et trainer sans confort triste & desesperee,
Vne pauure vieillesse & tousiours alteree.

Satyre XIIII.

I'ay pris cent & cent fois la lanterne en la main
Cherchant en plain midy parmy le genre humain,
Vn homme qui fuſt homme & de faict & de mine
Et qui peuſt des vertus paſſer par l'eſtamine :
Il n'eſt coing & recoing que ie n'aye tanté
Depuis que la nature icy bas m'a planté,
Mais tant plus ie me lime & plus ie me rabote,
Ie croy qu'à mon aduis tout le monde radote,
Qu'il a la teſte vuide & ſans deſſus deſſous
Ou qu'il faut qu'au rebours ie ſois l'vn des plus fous.
 C'eſt de noſtre folie vn plaiſant ſtratageſme,
Se flattant de iugér les autres par ſoy-meſme.
 Ceux qui pour voyager s'embarquent deſſus l'eau,
Voyent aller la terre & non pas leur vaiſſeau,
Peut eſtre ainſi trompé que fauſcement ie iuge,
Toutesfois ſi les fous ont leur ſens pour refuge,
Ie ne ſuis pas tenu de croire aux yeux d'autruy,
Puis, i'en ſçay pour le moins autant ou plus que luy.
 Voylà fort bien parlé ſi l'on me vouloit croire,
Sotte preſomption vous m'enyurez ſans boire.
 Mais apres en cherchant auoir autant couru
Qu'aux Auans de Noel fait le Moyne Bourru,

SATYRE XIIII.

Pour retrouuer vn homme enuers qui la Satyre
Sans flater, ne trouuaſt que mordre & que redire,
Qui ſçeuſt d'vn chois prudent toute choſe éplucher,
Ma foy ſi ce n'eſt vous ie n'en veux plus chercher.
Or ce n'eſt point pour eſtre eſleué de fortune,
Aux ſages comme aux fous c'eſt choſe aſſez commune,
Elle auance vn chacun ſans raiſon & ſans chois,
Les foux ſont aux echets les plus proches des Roys.
 Auſſi mon iugement ſur cela ne ſe fonde,
Au compas des grandeurs ie ne iuge le monde,
L'eſclat de ces clinquans ne m'eſblouit les yeux,
Pour eſtre dans le Ciel ie n'eſtime les Dieux,
Mais pour s'y maintenir & gouuerner de ſorte
Que ce tout en deuoir reglement ſe comporte,
Et que leur prouidence egallement conduit
Tout ce que le Soleil en la terre produit.
Des hommes tout ainſi ie ne puis recognoiſtre
Les grans : mais bien ceux là qui meritent de l'eſtre,
Et de qui le merite indomtable en vertu,
Force les accidens & n'eſt point abatu,
Non plus que de farceurs ie n'en puis faire conte.
Ainſi que l'vn deſcend on voit que l'autre monte,
Selon ou plus ou moins que dure le roollet,
Et l'habit faict ſans plus le maiſtre ou le vallet.
De meſme eſt de ces gens dont la grandeur ſe ioüe,
Auiourd'huy gros, enflez ſur le haut de la roüe,
Ilz font vn perſonnage, & demain renuerſez,
Chacun les met au rang des pechez effacez.
La faueur eſt bizarre, à traitter indocille,

Sans arreſt, inconſtante & d'humeur difficille,
Auecq' diſcretion il la faut caraſſer :
L'vn la perd bien ſouuent pour la trop embraſſer,
Ou pour s'y fier trop, l'autre par inſolence,
Ou pour auoir trop peu ou trop de violence,
Ou pour ſe la promettre ou ſe la deſnier,
En fin c'eſt vn caprice eſtrange à manier,
Son Amour eſt fragille & ſe rompt comme verre,
Et faict aux plus Matois donner du nez en terre.

 Pour moy ie n'ay point veu parmy tant d'auancez,
Soit de ces temps icy, ſoit des ſiecles paſſez,
Homme que la fortune ayt taſché d'introduire,
Qui durant le bon vent ait ſçeu ſe bien conduire.
Or d'eſtre cinquante ans aux honneurs eſleué,
Des grands & des petits dignement approuué,
Et de ſa vertu propre aux malheurs faire obſtacle,
Ie n'ay point veu de ſots auoir faict ce miracle.
Auſſi pour diſcerner & le bien & le mal,
Voir tout, congnoiſtre tout, d'vn œil touſiours égal,
Manier dextrement les deſſeins de nos Princes,
Reſpondre à tant de gens de diuerſes Prouinces,
Eſtre des eſtrangers pour Oracle tenu,
Preuoir tout accident auant qu'eſtre aduenu,
Deſtourner par prudence vne mauuaiſe affaire,
Ce n'eſt pas choſe ayſée ou trop facille à faire.
Voilà comme on conſerue auecq' le iugement
Ce qu'vn autre diſſipe & perd imprudemment :
Quand on ſe bruſle au feu que ſoi meſme on attiſe,
Ce n'eſt point accident, mais c'eſt vne ſottiſe.

Nous fommes du bon-heur de nous mefme artifans
Et fabriquons nos iours ou fafcheux ou plaifans,
La fortune eft à nous & n'eft mauuaife ou bonne
Que felon qu'on la forme ou bien qu'on fe la donne.
 A ce point le mal-heur amy comme ennemy,
Trouuant au bord d'vn puis vn enfant endormy,
En rifque d'y tomber à fon ayde s'auance
Et luy parlant ainfi, le refueille & le tance :
Sus badin leuez-vous : fi vous tombiez dedans,
De douleur vos parens comme vous imprudens,
Croyant en leur efprit que de tout ie difpofe,
Diroient en me blafmant que i'en ferois la caufe.
 Ainfi nous feduifant d'vne fauce couleur,
Souuent nous imputons nos fautes au mal-heur
Qui n'en peut mais, mais quoy ! l'on le prend à partie,
Et chacun de fon tort cherche la garantie.
Et nous penfons bien fins, foit veritable ou faux,
Quand nous pouuons couurir d'excufes nos defaux :
Mais ainfi qu'aux petis aux plus grands perfonnages
Sondez tout iufqu'au fond, les fous ne font pas fages.
 Or c'eft vn grand chemin iadis affez frayé,
Qui des rimeurs François ne fut oncq' effayé
Suiuant les pas d'Horace entrant en la carriere,
Ie trouue des humeurs de diuerfe maniere,
Qui me pourroient donner fubiect de me mocquer,
Mais qu'eft-il de befoin de les aller chocquer ?
Chacun ainfi que moy fa raifon fortifie,
Et fe forme à fon gouft vne philofophie,
Ils ont droit de leur caufe & de la contefter,

Ie ne suis chicanneur & n'aime à disputer.
　Gallet a sa raison, & qui croira son dire,
Le hazard pour le moins luy promet vn Empire,
Toutesfois au contraire, estant leger & net,
N'ayant que l'esperance & trois dez au cornet,
Comme sur vn bon fond de rente ou de receptes
Dessus sept ou quatorze il assigne ses debtes,
Et trouue sur cela qui luy fournit dequoy :
Ils ont vne raison qui n'est raison pour moy,
Que ie ne puis comprendre, & qui bien l'examine :
Est-ce vice ou vertu qui leur fureur domine?
　L'vn alleché d'espoir de gaigner vingt pour cent,
Ferme l'œil à sa perte, & librement consent
Que l'autre le despouille & ses meubles engage,
Mesmes s'il est besoin baille son heritage.
　Or le plus sot d'entre eux, ie m'en rapporte à luy,
Pour l'vn il perd son bien, l'autre celuy d'autruy,
Pourtant c'est vn traficq qui suit touliours sa route,
Où bien moins qu'à la place on a fait banqueroute,
Et qui dans le brelan se maintient brauement,
N'en desplaise aux arrests de nostre Parlement.
Pensez vous sans auoir ces raisons toutes prestes,
Que le Sieur de Prouins persiste en ses requestes,
Et qu'il ait sans espoir d'estre mieux à la Court,
A son long balandran changé son manteau court,
Bien que depuis vingt ans sa grimace importune
Ayt à sa deffaueur obstiné la fortune.
　Il n'est pas le cousin qui n'ait quelque raison,
De peur de reparer, il laisse sa maison,

Que son lict ne defonce, il dort deſſus la dure,
Et n'a, crainte du chaud, que l'air pour couuerture :
Ne ſe pouuant munir encontre tant de maux
Dont l'air intemperé faict guerre aux animaux,
Comme le chaud, le froid, les frimas & la pluye,
Et mil autres accidens, bourreaux de noſtre vie,
Luy ſelon ſa raiſon ſouz eux il s'eſt ſouſmis,
Et forçant la Nature il les a pour amis.
Il n'eſt point enrcumé pour dormir ſur la terre,
Son poulmon enflammé ne touſſe le caterre,
Il ne craint ny les dents ny les defluctions
Et ſon corps a tout ſain libres ſes fonctions,
En tout indifferent tout eſt à ſon vſage,
On dira qu'il eſt foux ie croy qu'il n'eſt pas ſage,
Que Diogene auſſi fuſt vn foux de tout point,
C'eſt ce que le Couſin comme moy ne croit point.
Ainſi ceſte raiſon eſt vne eſtrange beſte,
On l'a bonne ſelon qu'on a bonne la teſte,
Qu'on imagine bien du ſens comme de l'œil,
Pour grain ne prenant paille, ou Paris pour Corbeil.
  Or ſuiuant ma raiſon & mon intelligence,
Mettant tout en auant & ſoin & diligence,
Et criblant mes raiſons pour en faire vn bon chois,
Vous eſtes à mon gré l'homme que ie cherchois :
Afin doncq' qu'en diſcours le temps ie ne conſomme,
Ou vous eſtes le mien, ou ie ne veux point d'homme.
Qu'vn chacun en ait vn ainſi qu'il luy plaira,
Rozete nous verrons qui s'en repentira.
  Vn chacun en ſon ſens ſelon ſon chois abonde,

Or m'ayant mis en gouſt des hommes & du monde,
Reduiſant bruſquement le tout en ſon entier
Encor faut il finir par vn tour du meſtier.

 On dit que Iupiter Roy des Dieux & des hommes,
Se promenant vn iour en la terre où nous ſommes,
Reçeut en amitié deux hommes apparens,
Tous deux d'age pareils, mais de mœurs differens,
L'vn auoit nom Minos, l'autre auoit nom Tantale :
Il les eſleue au Ciel, & d'abord leur eſtale
Parmy les bons propos, les graces & les ris,
Tout ce que la faueur depart aux fauoris,
Ils mangeoient à ſa table, aualoient l'ambroſie,
Et des plaiſirs du Ciel ſouloient leur fantaſie ;
Ils eſtoient comme chefs de ſon Conſeil priué :
Et rien n'eſtoit bien fait qu'ils n'euſſent aprouué.
Minos eut bon eſprit, prudent, accord & ſage,
Et ſçeut iuſqu'à la fin iouer ſon perſonnage,
L'autre fut vn langard, reuelant les ſecrets
Du Ciel & de ſon Maiſtre aux hommes indiſcrets,
L'vn auecque prudence au Ciel s'impatroniſe,
Et l'autre en fut chaſſé comme vn peteux d'Egliſe.

Satyre XV.

Ouy i'escry rarement & me plais de le faire,
Non pas que la paresse en moy soit ordinaire,
Mais si tost que ie prens la plume à ce dessein,
Ie croy prendre en galere vne rame en la main
Ie sen au second vers que la Muse me dicte,
Et contre sa fureur ma raison se despite.
  Or si par fois i'escry suiuant mon Ascendant,
Ie vous iure encor est-ce à mon corps deffendant,
L'astre qui de naissance à la Muse me lie,
Me fait rompre la teste apres ceste folie,
Que ie recongnois bien : mais pourtant, malgré moy
Il faut que mon humeur fasse ioug à sa loy,
Que ie demande en moy ce que ie me desnie,
De mon ame & du Ciel, estrange tyrannie ;
Et qui pis est, ce mal qui m'afflige au mourir,
S'obstine aux recipez & ne se veut guarir,
Plus on drogue ce mal & tant plus il s'empire,
Il n'est point d'Elebore assez en Anticire,
Reuesche à mes raisons il se rend plus mutin
Et ma philosophie y perd tout son Latin.
Or pour estre incurable il n'est pas necessaire,
Patient en mon mal que ie m'y doiue plaire,

Au contraire il m'en fafche & m'en defplais fi fort
Que durant mon accez ie voudrois eftre mort :
Car lors qu'on me regarde, & qu'on me iuge vn poëte,
Et qui par confequent a la tefte mal faite,
Confus en mon efprit ie fuis plus defolé,
Que fi i'eftois maraut, ou ladre, ou verollé.

 Encor' fi le tranfport dont mon ame eft faifie,
Auoit quelque refpect durant ma frenaifie,
Qu'il fe reglaft felon les lieux moins importans,
Ou qu'il fift choix des iours, des hommes ou du temps,
Et que lors que l'hyuer me renferme en la chambre,
Aux iours les plus glacez de l'engourdy Nouembre,
Apollon m'obfedaft, i'aurois en mon malheur,
Quelque contentement à flater ma douleur.

 Mais aux iours les plus beaux de la faifon nouuelle
Que Zephire en fes rets furprend Flore la belle,
Que dans l'air les oyfeaux, les poiffons en la mer,
Se pleignent doucement du mal qui vient d'aymer,
Ou bien lors que Ceres de fourment fe couronne,
Ou que Bacchus foufpire amoureux de Pomone,
Ou lors que le faffran, la derniere des fleurs,
Dore le Scorpion de fes belles couleurs,
C'eft alors que la verue infolemment m'outrage,
Que la raifon forcee obeyt à la rage,
Et que fans nul refpect des hommes ou du lieu,
Qu'il faut que i'obeiffe aux fureurs de ce Dieu :
Comme en ces derniers iours les plus beaux de l'annee,
Que Cibelle eft par tout de fruicts enuironnee,
Que le payfant recueille empliffant à miliers

SATYRE XV.

Greniers, granges, chartis, & caues & celiers,
Et que Iunon riant d'vne douce influance,
Rend fon œil fauorable aux champs qu'on enfemence,
Que ie me refoudois loing du bruit de Paris
Et du foing de la Cour ou de fes fauoris,
M'efgayer au repos que la campagne donne,
Et fans parler Curé, Doyen, Chantre, ou Sorbonne,
D'vn bon mot faire rire en fi belle faifon,
Vous, vos chiens & vos chats, & toute la maifon,
Et là dedans ces champs que la riuiere d'Oyfe,
Sur des arenes d'or en fes bors fe degoyfe,
(Seiour iadis fi doux à ce Roy qui deux fois
Donna Sydon en proye à fes peuples François)
Faire meint foubre-faut, libre de corps & d'ame,
Et froid aux appetis d'vne amoureufe flame,
Eftre vuide d'amour comme d'ambition,
Des gallands de ce temps horrible paffion.
 Mais à d'autres reuers ma fortune eft tournee,
Dés le iour que Phœbus nous monftre la iournee,
Comme vn hiboux qui fuit la lumiere & le iour,
Ie me leue & m'en vay dans le plus creux feiour
Que Royaumont recelle en fes forefts fecrettes,
Des renards & des loups les ombreufes retraittes,
Et là malgré mes dents rongeant & rauaffant,
Poliffant les nouueaux, les vieux rapetaffant,
Ie fay des vers, qu'encore qu'Apollon les aduouë,
Dedans la Cour, peut eftre, on leur fera la mouë,
Ou s'ils font à leur gré bien faicts & bien polis,
I'auray pour recompence, ils font vrayment iolis :

Mais moy qui ne me reigle aux iugemens des hommes,
Qui dedans & dehors cognoy ce que nous fommes,
Comme le plus fouuent ceux qui fçauent le moings,
Sont temerairement & iuges & tefmoings,
Pour blafme ou pour louange ou pour froide parole,
Ie ne fay de leger banqueroute à l'efcolle
Du bon homme Empedocle, où fon difcours m'apprend
Qu'en ce monde il n'eft rien d'admirable & de grand
Que l'efprit defdaignant vne chofe bien grande,
Et qui Roy de foy-mefme à foy-mefme commande.
 Pour ceux qui n'ont l'efprit fi fort ny fi trempé,
Afin de n'eftre point de foy-mefme trompé,
Chacun fe doibt cognoiftre, & par vn exercice
Cultiuant fa vertu defraciner fon vice,
Et cenfeur de foy-mefme auec foing corriger
Le mal qui croift en nous, & non le negliger,
Efueiller fon efprit troublé de refuerie ;
Comme doncq' ie me plains de ma forcenerie,
Que par art ie m'efforce à regler fes accés,
Et contre mes deffaux que i'intente vn procés,
Comme on voit par exemple en ces vers où i'accufe
Librement le caprice où me porte la Mufe,
Qui me repaift de baye en fes foux paffe-temps,
Et malgré moy me faict aux vers perdre le temps,
Ils deuoient à propos tafcher d'ouurir la bouche,
Mettant leur iugement fur la pierre de touche,
S'eftudier de n'eftre en leurs difcours trenchans,
Par eux mefmes iugez ignares ou mefchans,
Et ne mettre fans choix en égalle balance

SATYRE XV.

Le vice, la vertu, le crime, l'infolence.
Qui me blafme auiourd'hui, demain il me louera,
Et peut eftre auffi toft il fe defaduouera.
La louange eft à prix, le hazard la debite,
Où le vice fouuent vaut mieux que le merite :
Pour moy ie ne fay cas ny ne me puis vanter
Ny d'vn mal ny d'vn bien que l'on me peut ofter.

 Auecq' proportion fe depart la louange,
Autrement c'eft pour moy du baragouyn eftrange,
Le vrai me faict dans moy recognoiftre le faux,
Au poix de la vertu ie iuge les deffaux,
I'affine l'enuieux cent ans apres la vie,
Où l'on dit qu'en Amour fe conuertit l'Enuie :
Le Iuge fans reproche eft la Pofterité,
Le temps qui tout defcouure en fait la verité,
Puis la monftre à nos yeux, ainfi dehors la terre
Il tire les trefors, & puis les y referre.

 Doncq' moy qui ne m'amufe à ce qu'on dit icy,
Ie n'ay de leurs difcours ny plaifir ny foucy,
Et ne m'efmeus non plus quand leur difcours fourvoye,
Que d'vn conte d'Vrgande & de ma mere l'Oye.

 Mais puis que tout le monde eft aueugle en fon fait
Et que deffous la Lune il n'eft rien de parfait,
Sans plus fe controller quand à moy ie confeille
Qu'vn chacun doucement s'excufe à la pareille,
Laiffons ce qu'en refuant ces vieux foux ont efcrit,
Tant de philofophie embaraffe l'efprit,
Qui fe contraint au monde il ne vit qu'en torture,
Nous ne pouvons faillir fuiuant noftre nature.

Ie t'excufe Pierrot, de mefme excufe moy,
Ton vice eft de n'auoir ny Dieu, ny foy, ny loy,
Tu couures tes plaifirs auec l'hypocrifie,
Chupin fe taifant veut couurir fa ialoufie,
Rifon accroift fon bien d'vfure & d'interefts,
Selon ou plus ou moins Ian donne fes arrefts,
Et comme au plus offrant debite la Iuftice.
Ainfi fans rien laiffer vn chacun a fon vice,
Le mien eft d'eftre libre & ne rien admirer,
Tirer le bien du mal lors qu'il s'en peut tirer,
Sinon adoucir tout par vne indifference,
Et vaincre le mal-heur auecq' la patience,
Eftimer peu de gens, fuyure mon vercoquin,
Et mettre à mefme taux le noble & le coquin.
D'autre part ie ne puis voir vn mal fans m'en plaindre,
Quelque part que ce foit ie ne me puis contraindre.
Voyant vn chicaneur riche d'auoir vendu
Son deuoir à celuy qui deuft eftre pendu,
Vn Aduocat inftruire en l'vne & l'autre caufe,
Vn Lopet qui partis deffus partis propofe,
Vn Medecin remplir les limbes d'auortons,
Vn Banquier qui fait Rome icy pour fix teftons,
Vn Prelat enrichy d'intereft & d'vfure,
Plaindre fon bois faify pour n'eftre de mefure,
Vn Ian abandonnant femme, filles, & fœurs,
Payer mefmes en chair iufques aux rotiffeurs,
Rouffet faire le Prince, & tant d'autre myftere,
Mon vice eft, mon amy, de ne m'en pouuoir taire.
 Or des vices où font les hommes attachez,

Comme des petits maux font les petits pechez,
Ainſi les moins mauuais font ceux dont tu retires
Du bien, comme il aduient le plus ſouuent des pires,
Au moins eſtimez tels : c'eſt pourquoi ſans errer,
Au ſage bien ſouuent on les peut deſirer,
Comme aux Preſcheurs l'audace à reprendre le vice,
La folie aux enfans, aux Iuges l'iniuſtice.
Vien doncq' & regardans ceux qui faillent le moins,
Sans aller rechercher ny preuues ny teſmoins,
Informans de nos faits ſans haine & ſans enuie,
Et iuſqu'au fond du ſac eſpluchons noſtre vie.

De tous ces vices là, dont ton cœur entaché
N'eſt veu par mes eſcris ſi librement touché,
Tu n'en peux retirer que honte & que dommage,
En vendant la Iuſtice, au Ciel tu fais outrage,
Le pauure tu deſtruis, la veufue & l'orphelin,
Et ruines chacun auecq' ton patelin,
Ainſi conſequemmment de tout dont ie t'offence,
Et dont ie ne m'attens d'en faire penitence :
Car parlant librement ie pretens t'obliger
A purger tes deffaux, tes vices corriger,
Si tu le fais en fin, en ce cas ie merite,
Puis qu'en quelque façon mon vice te profite.

A Monsieur de Forqueuaus.

SATYRE XVI.

Puisque le iugement nous croist par le dommage,
Il est temps Forqueuaus, que ie deuienne sage,
Et que par mes trauaux i'apprenne à l'auenir
Comme en faisant l'amour on se doit maintenir :
Apres auoir passé tant & tant de trauerses,
Auoir porté le ioug de cent beautez diuerses,
Auoir en bon soldat combatu nuict & iour,
Ie dois estre routier en la guerre d'Amour,
Et comme vn vieux guerrier blanchi dessous les armes
Sçauoir me retirer des plus chaudes alarmes,
Destourner la fortune, & plus fin que vaillant,
Faire perdre le coup au premier assaillant,
Et sçauant deuenu par vn long exercice,
Conduire mon bonheur auec de l'artifice,
Sans courir comm' vn fou saizy d'aueuglement,
Que le caprice emporte, & non le iugement :
Car l'esprit en amour sert plus que la vaillance,
Et tant plus on s'efforce, & tant moins on auance.
Il n'est que d'estre fin & de soir, ou de nuit,
Surprendre si l'on peut l'ennemy dans le lit.

Du temps que ma ieuneſſe à l'amour trop ardente
Rendoit d'affection mon ame violente,
Et que de tous coſtés ſans chois ou ſans raiſon
I'allois comme vn limier apres la venaiſon,
Souuent de trop de cœur i'ay perdu le courage,
Et piqué des douceurs d'vn amoureux viſage
I'ay ſi bien combatu, ſerré flanc contre flanc,
Qu'il ne m'en eſt reſté vne goutte de ſang :
Or ſage à mes deſpens i'eſquiue la bataille,
Sans entrer dans le champ i'attens que l'on m'aſſaille.
Et pour ne perdre point le renom que i'ay eu
D'vn bon mot du vieux temps ie couure tout mon ieu,
Et ſans eſtre vaillant ie veux que l'on m'eſtime,
Ou ſi parfois encor i'entre en [la] vieille eſcrime,
Ie gouſte le plaiſir ſans en eſtre emporté,
Et prens de l'exercice au pris de ma ſanté :
Ie reſigne aux plus forts ces grands coups de maitriſe,
Accablé ſous le fais ie fuy toute entrepriſe,
Et ſans plus m'amuſer aux places de renom
Qu'on ne peut emporter qu'à force de Canon,
I'ayme vne amour facile & de peu de defenſe,
Si ie voi qu'on me rit, c'eſt là que ie m'auance,
Et ne me veux chaloir du lieu, grand ou petit,
La viande ne plaiſt que ſelon l'appetit.
Toute amour a bon gouſt pourueu qu'elle recrée
Et s'elle eſt moins louable, elle eſt plus aſſeurée :
Car quand le ieu déplait ſans ſoupçon, ou danger
De coups, ou de poiſon, il eſt permis changer.
Aymer en trop haut lieu vne Dame hautaine

C'est aimer en foucy le trauail, & la peine,
C'est nourrir fon amour de refpect, & de foin,
Ie fuis faoul de feruir le chapeau dans le poing,
Et fuy plus que la mort l'amour d'vne grand Dame,
Toufiours comme vn forçat il faut eftre à la rame,
Nauiger iour, & nuit, & fans profit aucun
Porter tout feul le fais de ce plaifir commun :
Ce n'eft pas, Forqueuaus, cela que ie demande,
Car fi ie donne vn coup, ie veux qu'on me le rende,
Et que les combatans à l'egal collerez,
Se donnent l'vn à l'autre autant de coups fourez :
C'eft pourquoy ie recherche vne ieune fillette
Experte des longtemps à courir l'eguillette,
Qui foit viue & ardente au combat amoureux,
Et pour vn coup receu qui vous en rende deux.
La grandeur en amour eft vice infupportable,
Et qui fert hautement eft toufiours miferable,
Il n'eft que d'eftre libre, & en deniers contans,
Dans le marché d'amour acheter du bon temps,
Et pour le prix commun choifir fa marchandife,
Ou fi l'on n'en veut prendre au moins on en deuife,
L'on tafte, l'on manie & fans dire combien,
On fe peut retirer, l'obiect n'en coufte rien :
Au fauoureux traffic de cefte mercerie,
I'ay confummé les iours les plus beaux de ma vie,
Marchant des plus rufez & qui le plus fouuent,
Payoit fes creanciers de promeffe & de vent,
Et encore n'eftoit le hazard, & la perte,
I'en voudrois pour iamais tenir boutique ouuerte,

Mais la rifque m'en fafche & fi fort m'en deplaift
Qu'au malheur que ie crains ie poftpofe l'acqueft,
Si bien que redoutant la verolle & la goutte,
Ie banny ces plaifirs & leur fais banqueroutte,
Et refigne aux mignons, aueuglez en ce ieu,
Auecques les plaifirs tous les maux que i'ay eu,
Les boutons du printems, & les autres fleurettes
Que l'on cueille au iardin des douces amourettes,
Le Mercure, & l'eau fort me font à contre-cœur,
Ie hay l'eau de Gaiac, & l'eftoufante ardeur
Des fourneaux enfumez où l'on perd fa fubftance
Et où l'on va tirant vn homme en quinteffence.
C'eft pourquoy tout à coup ie me fuis retiré,
Voulant d'orefnauant demeurer affeuré,
Et comme vn marinier efchappé de l'orage,
Du haure feurement contempler le naufrage,
Ou fi par fois encor ie me remets en mer,
Et qu'vn œil enchanteur me contraigne d'aymer,
Combattant mes efprits par vne douce guerre
Ie veux en feureté nauiger terre à terre :
Ayant premierement vifité le vaiffeau,
S'il eft bien calfeutré, ou s'il ne prend point l'eau.
Ce n'eft pas peu de cas de faire vn long voyage,
Ie tiens vn homme fous qui quitte le riuage,
Qui s'abandonne aux vents, & pour trop prefumer
Se commet aux hazards de l'amoureufe mer :
Expert en fes trauaux pour moy ie la detefte,
Et la fuy tout ainfi comme ie fuy la pefte.

Mais auſſi, Forqueuaus, comme il eſt mal-aiſé
Que noſtre eſprit ne ſoit quelquefois abuſé
Des appas enchanteurs de ceſt enfant volage,
Il faut vn peu baiſſer le col ſous le feruage,
Et donner quelque place aux plaiſirs ſauoureux :
Car c'eſt honte de viure & de n'eſtre amoureux :
Mais il faut en aymant s'aider de la fineſſe,
Et ſçauoir rechercher vne ſimple maiſtreſſe,
Qui ſans vous aſſeruir vous laiſſe en liberté.
Et ioigne le plaiſir auecq la ſeureté,
Qui ne ſache que c'eſt que d'eſtre courtiſee,
Qui n'ait de maint amour la poitrine embraſee,
Qui ſoit douce & nicette, & qui ne ſache pas,
Apprentiue au meſtier, que vallent les appas,
Que ſon œil, & ſon cœur parlent de meſme ſorte,
Qu'aucune affection hors de ſoy ne l'emporte.
Bref qui ſoit toute à nous, tant que la paſſion
Entretiendra nos ſens en ceſte affection :
Si parfois ſon eſprit ou le noſtre ſe laſſe
Pour moy ie ſuis d'auis que l'on change de place,
Qu'on ſe range autre part, & ſans regret aucun
D'abſence ou de meſpris que l'on ayme vn chacun :
Car il ne faut iurer aux beautez d'vne Dame,
Ains changer par le temps & d'amour & de flame.
C'eſt le change qui rend l'homme plus vigoureux.
Et qui iuſqu'au tombeau le faict eſtre amoureux :
Nature ſe maintient pour eſtre variable,
Et pour changer ſouuent ſon eſtat eſt durable :

Auffi l'affection dure eternellement,
Pourueu fans fe laffer qu'on change à tout moment,
De la fin d'vne amour l'autre naift plus parfaitte,
Comme on voit vn grand feu naiftre d'vne bluette.

Satyre XVII.

Non non i'ay trop de cœur pour lafchement me rendre,
L'amour n'eft qu'vn enfant dont l'on fe peut deffendre,
Et l'homme qui flechit fous fa ieune valleur,
Rend par fes lafchetez coulpable fon malheur,
Il fe defait foy-mefme & foy-mefme s'outrage,
Et doibt fon infortune à fon peu de courage :
Or moy pour tout l'effort qu'il faffe à me domter,
Rebelle à fa grandeur ie le veux effronter,
Et bien qu'auec les Dieux on ne doiue debattre,
Comme vn nouueau Toitan fi le veux-ie combattre,
Auecq' le defefpoir ie me veux affeurer,
C'eft falut aux vaincuz de ne rien efperer.
Mais helas ! c'en eft faict quand les places font prises
Il n'eft plus temps d'auoir recours aux entreprifes,
Et les nouueaux deffeins d'vn falut pretendu
Ne feruent plus de rien lors que tout eft perdu.
Ma raifon eft captiue en triomphe menee,
Mon ame déconfite au pillage eft donnee,
Tous mes fens m'ont laiffé feul & mal aduerty,
Et chacun s'eft rangé du contraire party,
Et ne me refte plus de la fureur des armes,
Que des cris, des fanglots, des foufpirs & des larmes.
Dont ie fuis fi troublé qu'encor ne fçay-ie pas

Où pour trouuer fecours ie tourneray mes pas.
Auffi pour mon falut que doi ie plus attendre,
Et quel fage confeil en mon mal puis-ie prendre,
S'il n'eft rien icy bas de doux & de clement,
Qui ne tourne vifage à mon contentement ?
S'il n'eft aftre efclairant en la nuict folitaire,
Ennemy de mon bien qui ne me foit contraire,
Qui ne ferme l'oreille à mes cris furieux :
Il n'eft pour moy là haut ny clemence, ny Dieux,
Au Ciel comme en la terre il ne faut que i'attende
Ny pitié ny faueur au mal qui me commande :
Car encor' que la dame en qui feule ie vy,
M'ait auecque douceur fous fes loix afferuy,
Que ie ne puiffe croire en voyant fon vifage,
Que le Ciel l'ait formé fi beau pour mon dommage,
Ny moins qu'il foit poffible en fi grande beauté
Qu'auecque la douceur loge la cruauté,
Pourtant toute efperance en mon ame chancelle,
Il fuffit pour mon mal que ie la trouue belle.
Amour qui pour obiect n'a que mes defplaifirs,
Rend tout ce que i'adore ingrat à mes defirs,
Toute chofe en aymant eft pour moy difficile,
Et comme mes foufpirs ma peine eft infertile,
D'autre part fçachant bien qu'on n'y doit afpirer,
Aux cris i'ouure la bouche & n'ofe foufpirer,
Et ma peine eftouffée auecques le filence,
Eftant plus retenue a plus de violence.
Trop heureux fi i'auois en ce cruel tourment,
Moins de difcretion & moins de fentiment,

Ou fans me relafcher à l'effort du martyre,
Que mes yeux, ou ma mort, mon amour peuffent dire.
Mais ce cruel enfant infolent deuenu,
Ne peut eftre à mon mal plus longtemps retenu,
Il me contrainct aux pleurs, & par force m'arrache
Les cris qu'au fond du cœur la reuerence cache.
Puis doncq' que mon refpect peut moins que fa douleur
Ie lafche mon difcours à l'effort du mal-heur,
Et pouffé des ennuis dont mon ame eft atteinte,
Par force ie vous fais cefte piteufe plainte,
Qu'encore ne rendrois ie en ces derniers efforts,
Si mon dernier foufpir ne la iette dehors.
Ce n'eft pas toutesfois que pour m'efcouter plaindre,
Ie tafche par ces vers à pitié vous contraindre,
Ou rendre par mes pleurs voftre œil moins rigoureux,
La plainte eft inutile à l'homme mal-heureux :
Mais puis qu'il plaift au Ciel par vos yeux que ie meure
Vous direz que mourant ie meurs à la bonne heure,
Et que d'aucun regret mon trefpas n'eft fuiuy,
Sinon de n'eftre mort le iour que ie vous vy,
Si diuine & fi belle, & d'attrais fi pourueuë.
Ouy ie deuois mourir des trais de voftre veuë,
Auec mes triftes iours mes miferes finir,
Et par feu comme Hercule immortel deuenir,
I'euffe bruflant là haut en des flammes fi claires,
Rendu de vos regards tous les Dieux tributaires,
Qui feruant comme moy de trophee à vos yeux,
Pour vous aymer en terre euffent quitté les Cieux.
Eternifant par tout cefte haute victoire,

I'eusse engraué là haut leur honte & vostre gloire,
Et comme en vous seruant aux pieds de vos Autels,
Ils voudroient pour mourir n'estre point immortels.
 Heureusement ainsi i'eusse peu rendre l'ame,
Apres si bel effect d'vne si belle flamme,
Aussi bien tout le temps que i'ay vescu depuis,
Mon cœur gesné d'amour n'a vescu qu'aux ennuis.
Depuis de iour en iour s'est mon ame enflammee,
Qui n'est plus que d'ardeur & de peine animee,
Sur mes yeux esgarez ma tristesse se lit,
Mon age auant le temps par mes maux s'enuieillit.
Au gré des passions mes amours sont contraintes,
Mes vers bruslans d'amour ne resonnent que plaintes,
De mon cœur tout fletry l'allegresse s'enfuit,
Et mes tristes pensers comme oyseaux de la nuict,
Volant dans mon esprit à mes yeux se presentent,
Et comme ils font du vray du faux ils m'espouuantent,
Et tout ce qui repasse en mon entendement,
M'apporte de la crainte & de l'estonnement :
Car soit que ie vous pense ingrate ou secourable,
La playe de vos yeux est touiiours incurable,
Tousiours faut il perdant la lumiere & le iour,
Mourir dans les douleurs ou les plaisirs d'amour.
 Mais tandis que ma mort est encore incertaine
Attendant qui des deux mettra fin à ma peine,
Ou les douceurs d'amour, ou bien vostre rigueur,
Ie veux sans fin tirer les souspirs de mon cœur,
Et deuant que mourir ou d'vne ou d'autre sorte,
Rendre en ma passion si diuine & si forte,

Vn viuant tefmoignage à la pofterité,
De mon amour extrefme, & de voftre beauté,
Et par mille beaux vers que vos beaux yeux m'infpirent,
Pour voftre gloire atteindre où les fçauans afpirent,
Et rendre memorable aux fiecles à venir,
De vos rares vertus le noble fouuenir.

Elegie Zelotipique.

Bien que ie sçache au vray tes façons & tes rufes,
I'ay tant & si long temps excusé tes excuses,
Moy-mesme ie me suis mille fois démenty,
Estimant que ton cœur par douceur diuerty,
Tiendroit ses laschetez à quelque conscience :
Mais en fin ton humeur force ma patience.
I'accuse ma foiblesse, & sage à mes despens,
Si ie t'aymay iadis ores ie m'en repens,
Et brisant tous ces nœuds, dont i'ay tant fait de conte,
Ce qui me fut honneur m'est ores vne honte.
Pensant m'oster l'esprit, l'esprit tu m'as rendu.
I'ay regaigné sur moy ce que i'auois perdu,
Ie tire vn double gain d'vn si petit dommage,
Si ce n'est que trop tard ie suis deuenu sage,
Toutes-fois le bon-heur nous doibt rendre contans,
Et pourueu qu'il nous vienne il vient tousiours à temps.

   Mais i'ay doncq' supporté de si lourdes iniures,
I'ay doncq' creu de ses yeux les lumieres pariures,
Qui me naurant le cœur me promettoient la paix,
Et donné de la foy à qui n'en eut iamais !
I'ay doncq' leu d'autre main ses lettres contre-faites,
I'ay doncq' sçeu ses façons, recogneu ses deffaites,

Et comment elle endort de douceur fa maifon,
Et trouue à s'excufer quelque fauce raifon,
Vn procés, vn accord, quelque achapt, quelques ventes,
Vifites de coufins, de freres, & de tantes,
Pendant qu'en autre lieu fans femmes & fans bruict,
Sous pretexte d'affaire elle paffe la nuict :
Et cependant aueugle en ma peine enflammee,
Ayant fçeu tout cecy ie l'ay toufiours aymee,
Pauure fot que ie fuis, ne deuoy-ie à l'inftant
Laiffer là cefte ingrate & fon cœur inconftant?

 Encor' feroit ce peu fi d'amour emportee,
Ie n'auois à fon teint, & fa mine affettee,
Leu de fa paffion les fignes euidans,
Que l'amour imprimoit en fes yeux trop ardans,
Mais qu'eft il de befoin d'en dire d'auantage,
Iray-ie rafraichir fa honte & mon dommage ?
A quoy de fes difcours diray-ie le deffaut,
Comme pour me piper elle parle vn peu haut,
Et comme baffement à fecretes volees,
Elle ouure de fon cœur les flames recelees,
Puis fa voix rehauffant en quelques mots ioyeux,
Elle cuide charmer les ialoux curieux,
Faict vn conte du Roy, de la Reyne, & du Louure,
Quand malgré que i'en aye amour me le découure,
Me déchifre auffi-toft fon difcours indifcret,
(Helas! rien aux ialoux ne peut eftre fecret)
Me fait veoir de fes traits l'amoureux artifice,
Et qu'aux foupçons d'amour trop fimple eft fa malice,
Ces heurtemens de pieds en feignant de s'affeoir,

Faire fentir fes gands, fes cheueux, fon mouchoir,
Ces rencontres de mains, & mille autres careffes,
Qu'vfent à leurs amans les plus douces maiftreffes,
Que ie tais par honneur craignant qu'auecq' le fien
En vn difcours plus grand i'engageaffe le mien.
 Cherche doncq' quelque fot au tourment infenfible
Qui fouffre ce qui m'eft de fouffrir impoffible,
Car pour moy i'en fuis las (ingrate) & ie ne puis
Durer plus longuement en la peine où ie fuis.
Ma bouche inceffamment aux plaintes eft ouuerte,
Tout ce que i'apperçoy femble iurer ma perte,
Mes yeux toufiours pleurans de tourment éueillez,
Depuis d'vn bon fommeil ne fe font veuz fillez,
Mon efprit agité fait guerre à mes penfees,
Sans auoir repofé vingt nuicts fe font paffees,
Ie vais comme vn Lutin deça delà courant,
Et ainfi que mon corps mon efprit eft errant.
Mais tandis qu'en parlant au feu qui me furmonte,
Ie defpeins en mes vers ma douleur & ta honte,
Amour dedans le cœur m'affaut fi viuement,
Qu'auecque tout defdain ie perds tout iugement.
Vous autres que i'emploie à l'efpier fans ceffe,
Au logis, en vifite, au fermon, à la Meffe,
Cognoiffant que ie fuis amoureux & ialoux,
Pour flatter ma douleur que ne me mentez-vous?
Ha pourquoy m'eftes-vous, à mon dam, fi fidelles,
Le porteur eft fafcheux de fafcheufes nouuelles,
Defferez à l'ardeur de mon mal furieux,
Feignez de n'en rien voir, & vous fermez les yeux.

Si dans quelque maiſon ſans femme elle s'arreſte,
S'on luy fait au Palais quelque ſigne de teſte,
S'elle rit à quelqu'vn, s'elle appelle vn valet,
S'elle baille en cachete ou reçoyue vn poullet,
Si dans quelque recoin quelque vieille incogneue,
Marmotant vn Pater luy parle ou la ſaluë,
Déguiſez en le fait, parlez m'en autrement,
Trompant ma ialouſie & voſtre iugement,
Dites moy qu'elle eſt chaſte, & qu'elle en a la gloire,
Car bien qu'il ne ſoit vray ſi ne le puis-ie croire,
De contraires efforts mon eſprit agité,
Douteux s'en court de l'vne à l'autre extremité,
La rage de la hayne & l'amour me tranſporte,
Mais i'ay grand peur enfin que l'amour ſoit plus forte.
Surmontons par meſpris ce deſir indiſcret,
Au moins s'il ne ſe peut l'aymeray-ie à regret.
Le bœuf n'ayme le ioug que toutesfois il traine,
Et meſlant ſagement mon amour à la hayne,
Donnons luy ce que peut ou que doit receuoir
Son merite égallé iuſtement au deuoir.
En Conſeiller d'Eſtat de diſcours ie m'abuſe,
Vn Amour violent aux raiſons ne s'amuſe,
Ne ſçay ie que ſon œil ingrat à mon tourment,
Me donnant ce deſir m'oſta le iugement?
Que mon eſprit bleſſé nul bien ne ſe propoſe,
Qu'aueugle & ſans raiſon ie confonds toute choſe,
Comme vn homme inſenſé qui s'emporte au parler,
Et deſſigne auec l'œil mille chaſteaux en l'air.
  C'en eſt fait pour iamais la chance en eſt iettee,

D'vn ieu si violent mon ame est agittee,
Qu'il faut bon-gré, mal-gré laisser faire au destin
Heureux si par la mort i'en puis estre à la fin,
Et si ie puis mourant en ceste frenesie,
Voir mourir mon amour auecq' ma ialousie.
Mais Dieu que me sert il en pleurs me consommer,
Si la rigueur du Ciel me contrainct de l'aymer?
Où le Ciel nous incline à quoy sert la menace?
Sa beauté me rappelle où son deffaut me chasse,
Aymant & desdaignant par contraires efforts,
Les façons de l'esprit & les beautez du corps :
Ainsi ie ne puis viure auec elle, & sans elle.
Ha Dieu que fusses-tu ou plus chaste ou moins belle,
Ou peusses-tu congnoistre, & voir par mon trespas,
Qu'auecque ta beauté ton humeur ne sied pas :
Mais si ta passion est si forte & si viue,
Que des plaisirs des sens ta raison soit captiue,
Que ton esprit blessé ne soit maistre de soy,
Ie n'entends en cela te prescrire vne loy,
Te pardonnant par moy ceste fureur extresme,
Ainsi comme par toy ie l'excuse en moy mesme :
Car nous sommes tous deux en nostre passion,
Plus dignes de pitié que de punition.
Encor en ce mal-heur où tu te precipites,
Doibs-tu par quelque soin t'obliger tes merites,
Cognoistre ta beauté, & qu'il te faut auoir,
Auecques ton Amour esgard à ton deuoir,
Mais sans discretion tu vas à guerre ouuerte,
Et par sa vanité triumphant de ta perte,

Il monftre tes faueurs, tout haut il en difcourt,
Et ta honte & fa gloire entretiennent la Court.
Cependant me iurant tu m'en dis des iniures,
O Dieux! qui fans pitié puniffez les pariures,
Pardonnez à Madame, ou changeant vos effects,
Vengez pluftoft fur moy les pechez qu'elle a faicts.

 S'il eft vray fans faueur que tu l'efcoutes plaindre,
D'où vient pour fon refpect que l'on te voit contraindre,
Que tu permets aux fiens lire en tes paffions,
De veiller iour & nuict deffus tes actions,
Que toufiours d'vn vallet ta carroffe eft fuiuie,
Qui rend comme efpion compte exact de ta vie,
Que tu laiffe vn chacun pour plaire à fes foupçons,
Et que parlant de Dieu tu nous faits des leçons,
Nouuelle Magdelaine au defert conuertie,
Et iurant que ta flamme eft du tout amortie,
Tu pretends finement par cefte mauuaitié,
Luy donner plus d'Amour, à moy plus d'amitié:
Et me cuidant tromper tu voudrois faire accroire,
Auecque faux ferments que la neige fuft noire.
Mais comme tes propos, ton art eft defcouuert,
Et chacun en riant en parle à cœur ouuert,
Dont ie creue de rage, & voyant qu'on te blafme,
Trop fenfible en ton mal de regret ie me pafme,
Ie me ronge le cœur, ie n'ay point de repos,
Et voudrois eftre fourd pour l'eftre à ces propos.
Ie me hay de te voir ainfi meleftimee,
T'aymant fi dignement i'ayme ta renommee,
Et fi ie fuis ialoux ie le fuis feulement

De ton honneur, & non de ton contentement.

Fay tout ce que tu fais, & plus s'il fe peut faire,
Mais choifi pour le moins ceux qui fe peuuent taire.
Quel befoin peut-il eftre, infenfée en Amour,
Ce que tu fais la nuict, qu'on le chante le iour?
Ce que fait vn tout feul, tout vn chacun le fçache?
Et monftres en Amour ce que le monde cache?

Mais puis que le Deftin à toy m'a fçeu lier,
Et qu'oubliant ton mal ie ne puis t'oublier,
Par ces plaifirs d'Amour tout confits en delices,
Par tes apas iadis à mes vœuz fi propices,
Par ces pleurs que mes yeux & les tiens ont verfez,
Par mes foufpirs, au vent fans profit difperfez,
Par les Dieux qu'en pleurant tes fermens appellerent,
Par tes yeux qui l'efprit par les miens me volerent,
Et par leurs feux fi clairs & fi beaux à mon cœur,
Excufe par pitié ma ialoufe rancœur,
Pardonne par mes pleurs au feu qui me commande :
Si mon peché fut grand ma repentance eft grande,
Et voy dans le regret dont ie fuis confommé,
Que i'euffe moins failly, fi i'euffe moins aymé.

AVTRE.

Aymant comme i'aymois que ne deuois ie craindre?
Pouuois ie eftre affeuré qu'elle fe deuft contraindre?
Et que changeant d'humeur au vent qui l'emportoit,

Elle euſt pour moy ceſſé d'eſtre ce qu'elle eſtoit ?
Que laiſſant d'eſtre femme inconſtante & legere,
Son cœur traiſtre à l'Amour, & ſa foy menſongere,
Se rendant en vn lieu l'eſprit plus arreſté,
Peuſt au lieu du menſonge aymer la verité.

  Non ie croyois tout d'elle, il faut que ie le die,
Et tout m'eſtoit ſuſpect horſmis la perfidie,
Ie craignois tous ſes traits que i'ai ſçeu du depuis,
Ses iours de mal de teſte, & ſes ſecrettes nuicts,
Quand ſe diſant malade & de fieure enflammee,
Pour moy tant ſeullement ſa porte eſtoit fermée,
 e craignois ſes attrais, ſes ris, & ſes couroux,
Et tout ce dont Amour allarme les ialoux.

  Mais la voyant iurer auecq' tant d'aſſeurance,
Ie l'aduoüe, il eſt vray, i'eſtois ſans deffiance :
Auſſi qui pouuoit croire apres tant de ſerments,
De larmes, de ſouſpirs, de propos vehements
Dont elle me iuroit que iamais de ſa vie,
Elle ne permettroit d'vn autre eſtre ſeruie,
Qu'elle aymoit trop ma peine, & qu'en ayant pitié,
Ie m'en deuois promettre vne ferme amitié :
Seulement pour tromper le ialoux populaire,
Que ie deuois, conſtant, en mes douleurs me taire,
Me feindre touſiours libre, ou bien me captiuer,
Et quelqu'autre perdant, ſeule la conſeruer.
Cependant deuant Dieu dont elle a tant de crainte,
Au moins comme elle dict ; ſa parole eſtoit feinte,
Et le Ciel luy ſeruit en ceſte trahiſon,
D'infidele moyen pour tromper ma raiſon,

Et puis il est des Dieux tesmoins de nos parolles,
Non, non, il n'en est point, ce sont contes friuolles
Dont se repaist le peuple, & dont l'antiquité
Se seruit pour tromper nostre imbecilité :
S'il y auoit des Dieux, ils se vengeroient d'elle,
Et ne la voiroit on si fiere ny si belle,
Ses yeux s'obscurciroient qu'elle a tant pariurez,
Son teint seroit moins clair, ses cheueux moins dorez
Et le Ciel pour l'induire à quelque penitence,
Marqueroit sur son front son crime & leur vengeance.

 Ou s'il y a des Dieux ils ont vn cœur de chair,
Ainsi que nous d'amour ils se laissent toucher,
Et de ce sexe ingrat excusant la malice,
Pour vne belle femme ils n'ont point de Iustice.

Impvissance

Imitation d'Ouide.

Quoy ? ne l'auois ie affez en mes vœuz defiree,
N'eftoit elle affez belle, ou affez bien paree ?
Eftoit elle à mes yeux fans grace & fans appas ?
Son fang eftoit il point iffu d'vn lieu trop bas ?
Sa race, fa maifon n'eftoit elle eftimee,
Ne valoit elle point la peine d'eftre aymee ?
Inhabile au plaifir n'auoit-elle dequoy ?
Eftoit elle trop laide, ou trop belle pour moy ?
Ha ! cruel fouuenir, cependant ie l'ay euë,
Impuiffant que ie fuis en mes bras toute nuë.
Et n'ay peu le voulans tous deux efgallement,
Contenter nos defirs en ce contentement :
Au furplus à ma honte, Amour, que te diray-ie ?
Elle mit en mon col fes bras plus blancs que neige,
Et fa langue mon cœur par ma bouche embrafée,
Me fuggerant la manne en fa leure amaffee,
Sa cuiffe fe tenoit en la mienne enlaffee,
Les yeux luy petilloient d'vn defir langoureux,
Et fon ame exiloit maint foufpir amoureux,
Sa langue en begayant d'vne façon mignarde,
Me difoit : mais mon cœur qu'eft ce qui vous retarde ?
N'auroy-ie point en moy quelque chofe qui peuft

Offencer vos defirs, ou bien qui vous depleuſt ?
Ma grace, ma façon, ha ! Dieu ne vous plaiſt-elle ?
Quoy ? n'ay-ie affez d'amour, ou ne fuis-ie affez belle?
Cependant de la main animant fes difcours,
Ie trompois impuiffant fa flamme & mes amours,
Et comme vn tronc de bois, charge lourde & pefante,
Ie n'auois rien en moy de perfonne viuante :
Mes membres languiffans perclus & refroidis,
Par fes attouchemens n'eftoient moins engourdis.
Mais quoy ? que deuiendrai ie en l'extrefme vieilleffe,
Et fi las ! ie ne puis & ieune & vigoureux,
Sauourer la douceur du plaifir amoureux.
Ha ! i'en rougis de honte & dépite mon âge,
Age de peu de force & de peu de courage,
Qui ne me permet pas en ceſt accouplement,
Donner ce qu'en amour peut donner vn amant:
Car, Dieu ! cefte beauté par mon deffaut trompee.
Se leua le matin de fes larmes trempee,
Que l'amour de defpit efcouloit par fes yeux,
Reffemblant à l'Aurore alors qu'ouurant les Cieux,
Elle fort de fon lict hargneufe & depitee,
D'auoir fans vn baifer confommé la nuictee,
Quand baignant tendrement la terre de fes pleurs,
De chagrain & d'amour elle en iette fes fleurs.
Pour flater mon deffaut : Mais que me fert la gloire,
De mon amour paffee, inutile memoire,
Quand aymant ardemment, & ardemment aymé,
Tant plus ie combatois, plus i'eftois animé :
Guerrier infatigable, en ce doux exercice,

Par dix ou douze fois ie r'entrois en la lice,
Où vaillant & adroit apres auoir brifé,
Des Cheualiers d'amour, i'eſtois le plus prifé;
Mais de ceſt accident ie fais vn mauuais conte.
Si mon honneur paſſé m'eſt ores vne honte,
Et ſi le fouuenir trop prompt de m'outrager,
Par le plaiſir receu ne me peut foulager.
 O ciel! il falloit bien qu'enforcelé ie fuſſe,
Ou trop ardent d'Amour que ie ne m'apperceuſſe
Que l'œil d'vn enuyeux nos deſſeins empeſchoit,
Et ſur mon corps perclus ſon venim eſpandoit :
Mais qui pourroit atteindre au point de ſon merite,
Veu que toute grandeur pour elle eſt trop petite,
Si par l'egal ce charme a force contre nous,
Autre que Iupiter n'en peut eſtre ialoux.
Luy ſeul comme enuyeux d'vne choſe ſi belle,
Par l'emulation feroit feul digne d'elle.
Hé! quoy? là haut au Ciel mets tu les armes bas,
Amoureux Iupiter, que ne viens tu ça bas,
Iouir d'vne beauté ſur les autres aymable,
Aſſez de tes Amours n'a caqueté la fable :
C'eſt ores que tu dois en amour vif & pront,
Te mettre encore vn coup les armes ſur le front,
Cacher ta deité deſſous vn blanc plumage,
Prendre le feint femblant d'vn Satyre fauuage,
D'vn ſerpent, d'vn cocu, & te répendre encor,
Alambiqué d'amour, en groſſes gouttes d'or.
Et puis que ſa faueur à moy ſeul octroyee,
Indigne que ie fuis fuſt ſi mal employee,

IMPVISSANCE.

Faueur qui de mortel m'euſt fait égal aux Dieux,
Si le Ciel n'euſt eſté ſur mon bien enuieux.
Mais encor tout bouillant en mes flames premieres,
De quels vœuz redoublez & de quelles prieres,
Iray-ie derechef les Dieux ſollicitant,
Si d'vn bienfait nouueau i'en attendois autant ?
Si mes deffauts paſſez leurs beautez meſcontentent,
Et ſi de leurs bien-faicts ie croy qu'ils s'en repentent.
Or quand ie penſe ! ô Dieu quel bien m'eſt aduenu.
Auoir veu dans vn lict ſes beaux membres à nu,
La tenir languiſſante entre mes bras couchee,
De meſme affection la voir eſtre touchee,
Me baiſer haletant d'amour & de deſir,
Par ſes chatouillemens reſueiller le plaiſir,
Ha ! Dieux, ce font des traicts ſi ſenſibles aux ames,
Qu'ils pourroient l'amour meſme eſchauffer de leurs flames,
Si plus froid que la mort ils ne m'euſſent trouué,
Des myſteres d'amour, amant trop reprouué.
Ie l'auois cependant viue d'amour extreſme,
Mais ſi ie l'eus ainſi elle ne m'euſt de meſme.
O mal heur ! & de moy elle n'euſt ſeulement
Que des baiſers d'vn frere, & non pas d'vn amant.
En vain cent & cent fois, ie m'efforce à luy plaire,
Non plus qu'à mon deſir ie n'y puis ſatisfaire,
Et la honte pour lors qui me ſaiſit le cœur,
Pour m'acheuer de peindre eſteigniſt ma vigueur.
Comme elle recognuſt, femme mal ſatisfaite,
Qu'elle perdoit ſon temps, du lict elle ſe iette,
Prend ſa iupe, ſe lace, & puis en ſe mocquant,

D'vn ris, & de ces motz, elle m'alla picquant :
Non ! fi i'eftois lafciue, ou d'Amour occupée,
Ie me pourrois fafcher d'auoir efté trompée,
Mais puis que mon defir n'eft fi vif, ne fi chaud,
Mon tiede naturel m'oblige à ton defaut :
Mon Amour fatis-faicte ayme ton impuiffance,
Et tire de ta faute affez de recompence,
Qui toufiours dilayant m'a faict par le defir,
Efbatre plus long temps à l'ombre du plaifir.
Mais eftant la douceur par l'effort diuertie,
La faueur à la fin rompit fa modeftie,
Et dit en efclatant, pourquoy me trompes-tu ?
A quoy ton impudence a venté ta vertu ?
Si en d'autres Amours ta vigueur s'eft vfée ?
Quel honneur reçois tu de m'auoir abufée ?
Affez d'autres propos le defpit luy dictoit,
Le feu de fon defdain par fa bouche fortoit.
En fin voulant cacher ma honte & fa colere,
Elle couurit fon front d'vne meilleure chere,
Se confeille au miroir, fes femmes appella,
Et fe lauant les mains, le faict diffimula.
Belle, dont la beauté fi digne d'eftre aymée
Euft rendu des plus mortz la froideur enflamée ;
Ie confeffe ma honte, & de regret touché,
Par les pleurs que i'efpands i'accufe mon peché,
Peché d'autant plus grand que grande eft ma ieuneffe.
Si homme i'ay failly, pardonnez moy, Deeffe :
I'auouë eftre fort grand le crime que i'ay fait,
Pourtant iufqu'à la mort, fi n'auoy ie forfait,

Si ce n'eſt qu'à preſent qu'à vos pieds ie me iette,
Que ma confeſſion vous rende ſatisfaicte,
Ie ſuis digne des maux que vous me preſcrirez,
I'ay meurtry, i'ay vollé, i'ay des vœuz pariurez,
Trahy les Dieux benins, inuentez à ces vices,
Comme eſtranges forfaicts, des eſtranges ſupplices,
O beauté faictes en tout ainſi qu'il vous plaiſt.
Si vous me condamnez à mourir ie ſuis preſt,
La mort me ſera douce, & d'autant plus encore,
Si ie meurs de la main de celle que i'adore.
Auant qu'en venir là, au moins ſouuenez vous,
Que mes armes, non moy cauſent voſtre courrouz,
Que Champion d'Amour entré dedans la lice,
Ie n'eus aſſez d'haleine à ſi grand exercice,
Que ie ne ſuis chaſſeur iadis tant approuué,
Ne pouuant redreſſer vn deffaut retrouué :
Mais d'où viendroit cecy, ſeroit-ce point maiſtreſſe,
Que mon eſprit du corps precedaſt la pareſſe,
Ou que par le deſir trop prompt & vehement,
I'allaſſe auec le temps le plaiſir conſommant ?
Pour moy, ie n'en ſçay rien en ce fait tout m'abuſe,
Mais enfin, ô beauté, receuez pour excuſe,
S'il vous plaiſt, de rechef que ie rentre en l'aſſaut,
I'eſpere auec vſure amender mon deffaut.

Sur le trespas de Monsieur Passerat.

Passerat, le seiour & l'honneur des Charites,
Les delices de Pinde, & son cher ornement,
Qui loing du monde ingrat que bien heureux tu quittes,
Comme vn autre Apollon, reluis au firmament,

Afin que mon deuoir s'honore en tes merites,
Et mon nom par le tien viue eternellement,
Que dans l'eternité ces paroles escrites
Seruent à nos neueux comme d'vn testament.

Passerat fut vn Dieu soubs humaine semblance,
Qui vid naistre & mourir les Muses en la France,
Qui de ses doux accords leurs chansons anima :

Dans le champ de ses vers fut leur gloire semee,
Et comme vn mesme sort leur fortune enferma,
Ils ont à vie égalle, égalle renommee.

Stanses.

Le tout puiſſant Iupiter
Se ſert de l'Aigle à porter
Son foudre parmy la nuë ;
Et Iunon du haut des Cieux,
Sur ſes Paons audacieux,
Eſt ſouuent icy venuë.

Saturne a pris le Corbeau
Noir meſſager du tombeau,
Mars l'Eſperuier ſe reſerue.
Phœbus les Cygnes a pris,
Les Pigeons ſont à Cipris,
Et la Chouette à Minerue.

Ainſi les Dieux ont eſleu
Tels oyſeaux qui leur ont pleu ;
Priappe qui ne voit goute,
Hauſſant ſon rouge muſeau,
A taſtons, pour ſon oyſeau,
Print vn aſnon qui vous f.....

La C. P.

Infame baſtard de Cythere,
Fils ingrat d'vne ingrate mere,
Auorton, traiſtre & deguiſé,
Si ie t'ay ſuiuy des l'enfance
De quelle ingrate recompence
As tu mon ſeruice abuſé ?

Mon cas fier de mainte conqueſte
En Eſpagnol portoit la teſte
Triomphant, ſuperbe & vainqueur,
Que nul effort n'euſt ſceu rabattre,
Maintenant laſche & ſans combatre
Faict la cane, & n'a plus de cœur.

De tes Autels vne Preſtreſſe
L'a reduict en telle detreſſe
Le voyant au choc obſtiné,
Qu'entouré d'onguent & de linge,
Il m'eſt auis de voir vn ſinge
Comme vn enfant embeguiné.

Sa façon robuſte & raillarde
Pend l'aureille & n'eſt plus gaillarde,

Son teint vermeil n'a point d'esclat,
De pleurs il se noye la face,
Et faict aussi laide grimace
Qu'vn boudin creué dans vn plat.

Aussy penaud qu'vn chat qu'on chastre,
Il demeure dans son emplastre,
Comme en sa coque vn limaçon,
En vain d'arrasser il essaye,
Encordé comme vne lamproye
Il obeyt au cauecon.

Vne saliue mordicante
De sa narine distillante
L'vlcere si fort par dedans,
Que crachant l'humeur qui le pique
Il baue comme vn pulmonique
Qui tient la mort entre ses dents.

Apollon dés mon âge tendre
Poussé du courage d'apprendre
Aupres du ruisseau Parnassin,
Si ie t'inuocqué pour Poëte;
Ores en ma douleur secrete
Ie t'inuocque pour medecin.

Seuere Roy des destinees,
Mesureur des vistes annees,
Cœur du monde, œil du firmament,

Toy qui prefides à la vie,
Garis mon cas ie te fupplie
Et le conduis à fauuement.

Pour recompenfe dans ton Temple,
Seruant de memorable exemple
Aux ioüeurs qui viendront apres,
I'appendray la mefme figure
De mon cas malade en peinture
Ombragé d'ache & de cyprés.

Sur le portraict d'vn Poëte couronné.

Graueur vous deuiez auoir foin
De mettre deffus cefte tefte,
Voyant qu'elle eftoit d'vne befte,
Le lien d'vn botteau de foin.

RESPONSE.

Ceux qui m'ont de foin couronné,
M'ont fait plus d'honneur que d'iniure,
Sur du foin Iefus-Crift eft né,
Mais ils ignorent l'efcripture.

REPLIQVE.

Tu as vne mauuaife grace,
Le foin dont tu fais fi grand cas,
Pour Dieu n'eftoit en cefte place,
Car Iefus-Crift n'en mangeoit pas :
Mais bien pour feruir de repas
Au premier afne de ta race.

Contre vn amoureux tranſy.

Pourquoy perdez vous la parole,
Auſſi toſt que vous rencontrez
Celle que vous idolatrez ?
Deuenant vous meſme vne idole,
Vous eſtes là ſans dire mot,
Et ne faictes rien que le ſot.

Par la voix Amour vous ſuffoque,
Si vos ſouſpirs vont au deuant,
Autant en emporte le vent :
Et voſtre Déeſſe s'en mocque
Vous iugeant de meſme imparfaict
De la parole & de l'effect.

Penſez vous la rendre abatuë
Sans voſtre faict luy déceler ?
Faire les doux yeux ſans parler,
C'eſt faire l'Amour en tortuë :
La belle faict bien de garder
Ce qui vaut bien le demander.

Voulez vous en la violence
De voſtre longue affection

Monstrer vne discretion?
Si on la voit par le silence,
Vn tableau d'Amoureux transi
Le peut bien faire tout ainsi.

Souffrir mille & mille trauerses,
N'en dire mot, pretendre moins,
Donner ses tourmens pour tesmoins
De toutes ses peines diuerses,
Des coups n'estre point abbatu.
C'est d'vn asne auoir la vertu.

QVATRAINS.

Si des maux qui vous font la guerre
Vous voulez guerir deſormais,
Il faut aller en Angleterre
Où les loups ne viennent iamais.

Ie n'ay peu rien voir qui me plaiſe
Dedans les Pſalmes de Marot :
Mais i'ayme bien ceux là de Beze.
En les chantant ſans dire mot.

Ie croy que vous auez faict vœu
D'aymer & parent & parente ;
Mais puis que vous aymez la Tante,
Eſpargnez au moins le nepueu.

Le Dieu d'Amour ſe deuoit peindre
Auſſy grand comme vn autre Dieu,
N'eſtoit qu'il luy ſuffit d'atteindre
Iuſqu'à la piece du milieu.

Ceſte femme à couleur de bois
En tout temps peut faire potage :
Car dans ſa manche ell' a des poix,
Et du beurre ſur ſon viſage.

Discovrs

Au Roy.

Il eſtoit preſque iour, & le ciel ſouriant
Blanchiſſoit de clairté les peuples d'Oriant,
L'Aurore aux cheueux d'or, au viſage de roſes
Deſia comme à demy decouuroit toutes choſes,
Et les oyſeaux, perchez en leur feuilleux ſeiour,
Commençoient s'eueillant à ſe plaindre d'amour :
Quand ie vis en ſurſaut, vne beſte effroyable,
Choſe eſtrange à couter, toutesfois veritable,
Qui plus qu'vne Hydre affreuſe à ſept gueulles meuglant,
Auoit les dens d'acier, l'œil horrible, & ſanglant,
Et preſſoit à pas torts vne Nymphe fuyante,
Qui reduite aux abois, plus morte que viuante,
Halétante de peine, en ſon dernier recours,
Du grand Mars des François imploroit le ſecours,
Embraſſoit ſes genoux, & l'appellant aux armes,
N'auoit autre diſcours que celuy de ſes larmes.

Ceſte Nimphe eſtoit d'âge, & ſes cheueux meſlez
Flotoient au gré du vent, ſur ſon dos aualez.
Sa robe eſtoit d'azur, où cent fameuſes villes
Eleuoient leurs clochers ſur des plaines fertilles,
Que Neptune aroſoit de cent fleuues épars,

Qui difperfoient le viure aux gens de toutes pars.
  Les vilages epais fourmilloient par la plaine,
De peuple & de betail la campagne eftoit plaine,
Qui s'employant aux ars meloient diuerfement,
La fertile abondance auecque l'ornement :
Tout y reluifoit d'or, & fur la broderie
Eclatoit le brillant de mainte piererie.
  La mer aux deux coftés cefte ouurage bordoit :
L'Alpe de la main gauche en biais s'epandoit
Du Rhain iufqu'en Prouence, & le mont qui partage
D'auecque l'Efpagnol le François heritage,
De l'Aucate à Bayonne en cornes fe hauffant,
Monftroit fon front pointu de neges blanchiffant.
  Le tout eftoit formé d'vne telle maniere,
Que l'art ingenieux excedoit la matiere.
Sa taille eftoit Augufte, & fon chef couronné,
De cent fleurs de lis d'or eftoit enuironné.
  Ce grand Prince voyant le foucy qui la greue,
Touché de pieté, la prend & la releue,
Et de feux eftoufant ce funefte animal,
La deliura de peur auffi-toft que de mal,
Et purgeant le venin dont elle eftoit fi plaine,
Rendit en vn inftant la Nimphe toute faine.
  Ce Prince ainfi qu'vn Mars en armes glorieux,
De palmes ombrageoit fon chef victorieux,
Et fembloit de fes mains au combat animées,
Comme foudre ietter la peur dans les armées.
Ses exploits acheuez en fes armes viuoient :
Là les camps de Poytou d'vne part s'éleuoient,

Qui fuperbes fembloient s'honorer en la gloire
D'auoir premiers chanté fa premiere victoire.

 Diepe de l'autre part fur la mer s'alongeoit,
Où par force il rompoit le camp qui l'affiegeoit,
Et pouffant plus auant fes troupes epanchées
Le matin en chemife il furprit les tranchées.
Là Paris deliuré de l'Efpagnole main,
Se dechargeoit le col de fon ioug inhumain.

 La campagne d'Iury fur le flanc cizellée,
Fauorifoit fon prince au fort de la meflée,
Et de tant de Ligueurs par fa dextre vaincus
Au Dieu de la bataille apendoit les efcus.

 Plus haut eftoit Vandome, & Chartres, & Pontoife,
Et l'Efpagnol defait à Fontaine Françoife,
Où la valeur du foible emportant le plus fort
Fift voir que la vertu ne craint aucun effort.

 Plus bas deffus le ventre au naif contrefaite
Eftoit pres d'Amiens la honteufe retraite
Du puiffant Archiduc, qui creignant fon pouuoir,
Creut que c'eftoit en guerre affez que de le voir.

 Deçà delà luitoit mainte troupe rangée,
Mainte grande cité gemiffoit affiegée,
Où fi toft que le fer l'en rendoit poffeffeur,
Aux rebelles vaincus il vfoit de douceur,
Vertu rare au vainqueur, dont le courage extreme
N'a gloire en la fureur que fe vaincre foy-mefme.

 Le chefne, & le laurier ceft ouurage ombrageoit,
Où le peuple deuot fous fes loys fe rangeoit,
Et de vœus, & d'ençens, au ciel faifoit priere

De conseruer son Prince en sa vigueur entiere.
  Maint puissant ennemy domté par sa vertu,
Languissoit dans les fers sous ses pieds abatu,
Tout semblable à l'enuie à qui l'estrange rage
De l'heur de son voisin enfielle le courage,
Hideuse, bazanée, & chaude de rancœur,
Qui ronge ses poulmons, & se mache le cœur.
  Apres quelque priere en son cœur prononcée,
La Nimphe en le quittant au ciel s'est elancée,
Et son corps dedans l'air demourant suspendu :
Ainsi comme vn Milan sur ses aisles tendu,
S'areste en vne place, où changeant de visage,
Vn brullant eguillon luy pique le courage ;
Son regard estincelle, & son cerueau tremblant
Ainsi comme son sang d'horreur se va troublant :
Son estommac pantois sous la chaleur frissonne,
Et chaude de l'ardeur qui son cœur epoinçonne,
Tandis que la fureur precipitoit son cours,
Veritable Prophete elle fait ce discours.
  Peuple, l'obiet piteux du reste de la terre,
Indocile à la paix, & trop chaud à la guerre,
Qui fecond en partis, & leger en desseins,
Dedans ton propre sang souilles tes propres mains,
Entens ce que ie dis, atentif à ma bouche,
Et qu'au plus vif du cœur ma parolle te touche.
  Depuis qu'irreuerent enuers les Immortels,
Tu taches de mépris l'Eglise & ses autels,
Qu'au lieu de la raison gouuerne l'insolence,
Que le droit alteré n'est qu'vne violence,

Que par force le foible eſt foullé du puiſſant,
Que la ruſe rauit le bien à l'innocent,
Et que la vertu ſainéte en public mépriſée,
Sert aux ieunes de maſque, aux plus vieux de riſée,
(Prodige monſtrueux) & ſans reſpect de foy,
Qu'on s'arme ingratement au mépris de ſon Roy,
La Iuſtice, & la paix, triſtes & deſolées,
D'horreur ſe retirant au ciel s'en ſont volées :
Le bon-heur auſſi toſt à grand pas les ſuiuit,
Et depuis de bon œil le Soleil ne te vit.

 Quelque orage touſiours qui s'éleue à ta perte,
A comme d'vn brouillas ta perſonne couuerte,
Qui touſiours preſt à fondre en échec te retient,
Et mal-heur ſur mal-heur à chaque heure te vient.

 On a veu tant de fois la ieuneſſe trompée
De tes enfans paſſez au tranchant de l'eſpée,
Tes filles ſans honneur errer de toutes pars,
Ta maiſon & tes biens ſaccagez des Soldars,
Ta femme inſolemment d'entre tes bras rauie,
Et le fer tous les iours s'atacher à ta vie.

 Et cependant aueugle en tes propres effets,
Tout le mal que tu ſens, c'eſt toy qui te le faits;
Tu t'armes à ta perte, & ton audace forge
L'eſtoc dont furieux tu te coupes la gorge.

 Mais quoy tant de mal-heurs te ſuffiſent-ils pas?
Ton Prince comme vn Dieu, te tirant du treſpas,
Rendit de tes fureurs les tempeſtes ſi calmes,
Qu'il te fait viure en paix à l'ombre de ſes palmes :
Aſtrée en ſa faueur demeure en tes citez,

D'hommes, & de betail les champs font habitez :
Le Payfant n'ayant peur des bannieres eftranges,
Chantant coupe fes bleds, riant fait fes vandanges,
Et le Berger guidant fon troupeau bien noury
Enfle fa cornemufe en l'honneur de Henry.
Et toy feul cependant, oubliant tant de graces,
Ton aife trahiffant de fes biens tu te laffes.

Vien ingrat, refpon-moy, quel bien efperes tu,
Apres auoir ton Prince en fes murs combatu?
Apres auoir trahi pour de vaines chimeres,
L'honneur de tes ayeux, & la foy de tes peres?
Apres auoir cruel tout refpect violé,
Et mis à l'abandon ton pays defolé?

Atten tu que l'Efpaigne, auecq' fon ieune Prince,
Dans fon monde nouueau te donne vne Prouince?
Et qu'en ces trahifons, moins fage deuenu,
Vers toy par ton exemple il ne foit retenu?
Et qu'ayant dementy ton amour naturelle,
A luy plus qu'à ton Prince il t'eftime fidelle?
Peut eftre que ta race, & ton fang violent,
Iffu comme tu dis d'Oger, ou de Roland,
Ne te veut pas permetre encore ieune d'age
Qu'oyfif en ta maifon fe rouille ton courage,
Et rehauffant ton cœur que rien ne peut ployer,
Te fait chercher vn Roy qui te puiffe employer,
Qui la gloire du ciel, & l'effroy de la terre,
Soit comme vn nouueau Mars indomtable à la guerre,
Qui fçache en pardonnant les difcords étoufer,
Par clemence auffi grand, comme il eft par le fer.

Cours tout le monde entier de Prouince en Prouince,
Ce que tu cherches loing habite en noſtre Prince.
Mais quels exploits ſi beaux a fait ce ieune Roy,
Qu'il faille pour ſon bien que tu fauces ta foy,
Trahiſſes ta patrie, & que d'iniuſtes armes,
Tu la combles de ſang, de meurtres & de larmes?
Si ton cœur conuoiteux eſt ſi vif, & ſi chaud,
Cours la Flandre, où iamais la guerre ne defaut,
Et plus loing ſur les flancs d'Autriche & d'Alemagne.
De Turcs, & de turbans enionche la campagne,
Puis tout chargé de coups, de vielleſſe, & de biens,
Reuien en ta maiſon mourir entre les tiens.
Tes fils ſe mireront en ſi belles depouilles,
Les vieilles au foyer en fillant leurs quenouilles,
En chanteront le conte, & braue en argumens,
Quelque autre Iean de Mun en fera des Romans.
Ou ſi trompant ton Roy tu cours autre fortune,
Tu trouueras ingrat toute choſe importune,
A Naples, en Sicille, & dans ces autres lieux,
Où l'on t'aſſignera, tu feras odieux,
Et l'on te fera voir, auecq' ta conuoitiſe,
Qu'apres les trahiſons les traiſtres on mepriſe.
Les enfans étonnez s'enfuiront te voiant,
Et l'Artiſan mocqueur, aux places t'efroyant,
Rendant par ſes brocards ton audace flétrie,
Dira, ce traiſtre icy nous vendit ſa patrie,
Pour l'eſpoir d'vn Royaume en Chimeres conçeu,
Et pour tous ſes deſſeins du vent il a reçeu.
Ha! que ces Paladins viuans dans mon Hiſtoire,

Non comme toy touchez d'vne batarde gloire
Te furent differens, qui courageux partout,
Tindrent fidellement mon enfeigne debout,
Et qui fe repandant ainfi comme vn tonnerre,
Le fer dedans la main firent trembler la terre,
Et tant de Roys Payens fous la Croix deconfis.
Afferuirent vaincus aux pieds du Crucifis,
Dont les bras retrouffez, & la tefte panchée,
De fers honteufement au triumphe atachée
Furent de leur valeur tefmoins fi glorieux,
Que les noms de ces preux en font efcris aux Cieux.

 Mais fi la pieté, de ton cœur diuertie,
En toy pauure infenfé n'eft du tout amortie,
Si tu n'as tout à fait reietté loing de toy
L'amour, la charité, le deuoir, & la foy,
Ouure tes yeux fillez, & voy de quelle forte
D'ardeur precipité la rage te tranfporte,
T'enuelope l'efprit, t'efgarant infenfé,
Et iuge l'auenir par le fiecle paffé.

 Si toft que cefte Nimphe en fon dire enflamée,
Pour finir fon propos eut la bouche fermée,
Plus haute s'eleuant dans le vague des Cieux,
Ainfi comme vn éclair difparut à nos yeux,
Et fe monftrant Déeffe en fa fuite foudaine,
La place elle laiffa de parfum toute plaine,
Qui tombant en rofée aux lieux les plus prochains,
Reconforta le cœur & l'efprit des humains.

 HENRY le cher fuget de nos fainctes prieres,
Que le Ciel referuoit à nos peines dernieres,

Pour rétablir la France au bien non limité
Que le Destin promet à son eternité,
Apres tant de combats, & d'heureufes victoires,
Miracles de noz tans, honneur de noz Histoires,
Dans le port de la paix, Grand Prince puiffes-tu,
Mal-gré tes ennemis exercer ta vertu :
Puiffe eftre à ta grandeur le Destin si propice,
Que ton cœur de leurs trets rebouche la malice,
Et s'armant contre toy puiffes-tu d'autant plus
De leurs efforts domter le flus & le reflus,
Et comme vn faint rocher oppofant ton courage,
En écume venteufe en diffiper l'orage,
Et braue t'éleuant par deffus les dangers
Eftre l'amour des tiens, l'effroy des eftrangers.
 Attendant que ton fils inftruit par ta vaillance,
De fous tes étendars fortant de fon enfance,
Plus fortuné que toy, mais non pas plus vaillant.
Aille les Othomans iufqu'au Caire affaillant,
Et que femblable à toy foudroyant les armées
Il cueille auecq' le fer les Palmes idumées,
Puis tout flambant de gloire en France reuenant,
Le Ciel mefme là haut de fes faits s'etonnant,
Qu'il epande à tes pieds les depouilles conquifes,
Et que de leurs drapeaux il pare noz Eglifes.
 Alors raieuniffant au recit de fes faits,
Tes defirs, & tes vœus en fes œuures parfaits,
Tu reffentes d'ardeur ta vielleffe efchauffée,
Voyant tout l'Vniuers nous feruir de trophée.
 Puis n'eftant plus icy chofe digne de toy,

Ton fils du monde entier reſtant paiſible Roy,
Sous tes modelles ſainéts & de paix, & de guerre.
Il regiſſe puiſſant en ſuſtice la terre,
Quand apres vn long-tans ton Eſprit glorieux
Sera des mains de Dieu couronné dans les Cieux.

PLAINTE.

En quel obscur séiour le Ciel m'a-t-il reduit,
Mes beaux iours sont voilez d'vne effroyable nuit,
Et dans vn mesme instant comme l'herbe fauchee,
  Ma ieunesse est seichee.

Mes discours sont changez en funebres regrets,
Et mon ame d'ennuis est si fort esperduë,
Qu'ayant perdu Madame en ces tristes forests,
Ie crie, & ne sçay point ce qu'elle est deuenuë.

O bois! ô prez! ô monts! qui me fustes iadis
En l'Auril de mes iours, vn heureux Paradis,
Quand de mille douceurs la faueur de Madame
  Entretenoit mon ame.

Or que la triste absence en l'Enfer où ie suis,
D'vn piteux souuenir me tourmente & me tuë,
Pour consoler mon mal & flater mes ennuis,
Hélas! respondez-moi, qu'est-elle deuenuë?

Où font ces deux beaux yeux ? que font-ils deuenus ?
Où font tant de beautez, d'Amours & de Vénus,
Qui regnoient dans fa veuë, ainfi que dans mes veines,
      Les foucis & les peines ?

Hélas ! fille de l'air qui fens ainfi que moy,
Dans les prifons d'Amour ton ame detenuë,
Compagne de mon mal affifte mon émoy,
Et refponds à mes cris, qu'eft-elle deuenuë ?

Ie voy bien en ce lieu trifte & defefperé
Du naufrage d'amour ce qui m'eft demeuré,
Et bien que loin d'icy le deftin l'ait guidee,
      Ie m'en forme l'idee.

Ie voy dedans ces fleurs les trefors de fon teint,
La fierté de fon ame en la mer toute efmeuë,
Tout ce qu'on voit icy viuement me la peint,
Mais il ne me peint pas ce qu'elle eft deuenuë.

Las voici bien l'endroit où premier ie la vy,
Où mon cœur de fes yeux fi doucement rauy,
Reiettant tout refpect defcouurit à la belle,
      Son amitié fidelle.

Ie reuoy bien le lieu mais ie ne reuoy pas
La Reyne de mon cœur qu'en ce lieu i'ai perduë,
O bois ! ô prés ! ô monts ! fes fidelles efbats,
Helas ! refpondez-moy, qu'eft-elle devenue ?

Durant que son bel œil ces lieux embelliſſoit,
L'agreable Printemps ſous ſes pieds floriſſoit,
Tout rioit aupres d'elle, & la terre paree
   Eſtoit enamouree.

Ores que le malheur nous en a ſçeu priuer,
Mes yeux touſiours moüillez d'vne humeur continuë
Ont changé leurs ſaiſons en la ſaiſon d'hyuer
N'ayant ſçeu découurir ce qu'elle eſt deuenuë.

Mais quel lieu fortuné ſi long temps la retient?
Le Soleil qui s'abſente au matin nous reuient,
Et par vn tour reglé ſa cheuelure blonde
   Eſclaire tout le monde.

Si toſt que ſa lumiere à mes yeux ſe perdit,
Elle eſt comme vn eſclair pour iamais diſparuë.
Et quoy que i'aye faict malheureux & maudit
Ie n'ay peu deſcouurir ce qu'elle eſt deuenuë.

Mais Dieu, i'ay beau me plaindre, & touſiours ſoupirer
I'ay beau de mes deux yeux deux fontaines tirer,
I'ay beau mourir d'amour & de regret pour elle,
   Chacun me la recelle.

O bois! ô prez! ô monts! ô vous qui la cachez!
Et qui contre mon gré l'auez tant retenuë,
Si iamais de pitié vous vous viſtes touchez,
Hélas! reſpondez-moi, qu'eſt-elle deuenuë?

Fut-il iamais mortel si malheureux que moy?
Ie ly mon infortune en tout ce que ie voy,
Tout figure ma perte, & le Ciel & la Terre
   A l'enuy me font guerre.

Le regret du passé cruellement me point,
Et rend, l'obiet present, ma douleur plus aiguë,
Mais las! mon plus grand mal est de ne sçauoir point
Entre tant de malheurs, ce qu'elle est deuenuë.

Ainsi de toutes parts ie me sens assaillir,
Et voyant que l'espoir commence à me faillir,
Ma douleur se rengrege, & mon cruel martyre
   S'augmente & deuient pire.

Et si quelque plaisir s'offre deuant mes yeux,
Qui pense consoler ma raison abattuë,
Il m'afflige, & le Ciel me seroit odieux,
Si là haut i'ignorois ce qu'elle est deuenuë.

Gesné de tant d'ennuis, ie m'estonne comment
Enuironné d'Amour & du fascheux tourment,
Qu'entre tant de regrets son absence me liure,
   Mon esprit a peu viure.

Le bien que i'ay perdu me va tyrannisant,
De mes plaisirs passez mon ame est combattuë,
Et ce qui rend mon mal plus aigre & plus cuisant,
C'est qu'on ne peut sçauoir ce qu'elle est deuenuë.

Et ce cruel penser qui sans cesse me suit,
Du traict de sa beauté me pique iour et nuict,
Me grauant en l'esprit la miserable histoire
   D'vne si courte gloire..

Et ces biens qu'en mes maux encor il me faut voir
Rendroient d'vn peu d'espoir mon ame entretenuë,
Et m'y consolerois si ie pouuois sçauoir
Ce qu'ils sont deuenus & qu'elle est deuenuë.

Plaisirs si tost perdus, helas! où estes vous?
Et vous chers entretiens qui me sembliez si doux.
Où estes-vous allez? & où s'est retiree
   Ma belle Cytheree?

Ha triste souuenir d'vn bien si tost passé,
Las! pourquoy ne la voy-ie? ou pourquoy l'ay-ie veuë?
Ou pourquoy mon esprit d'angoisses oppressé,
Ne peut-il descouurir ce qu'elle est deuenuë.

En vain, hélas! en vain, la vas-tu dépaignant
Pour flatter ma douleur, si le regret poignant
De m'en voir separé d'autant plus me tourmente
   Qu'on me la represente.

Seulement au sommeil i'ay du contentement,
Qui la fait voir presente à mes yeux toute nuë,
Et chatouille mon mal d'vn faux ressentiment.
Mais il ne me dit pas ce qu'elle est deuenuë.

Encor ce bien m'afflige, il n'y faut plus fonger,
C'eſt ſe paiſtre de vent que la nuict s'alleger
D'vn mal qui tout le iour me pourſuit & m'outrage
   D'vne impiteuſe rage.

Retenu dans des nœuds qu'on ne peut deſlier,
Il faut priué d'eſpoir que mon cœur s'eſuertuë
Ou de mourir bien toſt, ou bien de l'oublier,
Puis qu'on ne peut fçauoir ce qu'elle eſt deuenuë.

Comment! que ie l'oublie ? Ha Dieux ie ne le puis,
L'oubly n'efface point les amoureux ennuis
Que ce cruel tyran a graué dans mon ame
   . En des lettres de flame.

Il me faut par la mort finir tant de douleurs,
Ayons donc à ce point l'ame bien reſoluë,
Et finiſſant nos iours finiſſons nos malheurs,
Puisqu'on ne peut fçauoir ce qu'elle eſt deuenuë.

Adieu donc clairs Soleils, ſi diuins & ſi beaux,
Adieu l'honneur ſacré des foreſts & des eaux,
Adieu monts, adieu prez, adieu campagne verte
   De vos beautez deſerte.

Las! receuez mon ame en ce dernier adieu,
Puis que de mon mal-heur ma fortune eſt vaincuë,
Miferable amoureux ie vay quiter ce lieu,
Pour fçauoir aux Enfers ce qu'elle eſt deuenuë.

Ainſi dit Amiante alors que de ſa voix
Il entama les cœurs des roches & des bois,
Plorant & souſpirant la perte d'Iacee,
   L'obiet de ſa penſee.

Affin de la trouuer, il s'encourt au treſpas,
Et comme ſa vigueur peu à peu diminuë,
Son ombre plore & crie en deſcendant là bas,
Eſprits, hé! dites-moy, qu'eſt-elle deuenuë?

ODE.

Iamais ne pourray-ie bannir
Hors de moy l'ingrat souuenir
De ma gloire si tost passee?
Tousiours pour nourrir mon soucy,
Amour cet enfant sans mercy,
L'offrira-t-il à ma pensee?

Tiran implacable des cœurs,
De combien d'ameres langueurs
As-tu touché ma fantasie?
De quels maux m'as-tu tourmenté,
Et dans mon esprit agité,
Que n'a point fait la ialousie?

Mes yeux aux pleurs accoustumez,
Du sommeil n'estoient plus fermez,
Mon cœur fremissoit sous la peine,
A veu d'œil mon teint iaunissoit,
Et ma bouche qui gemissoit,
De soufpirs estoit tousiours pleine.

ODE.

Aux caprices abandonné,
I'errois d'vn esprit forcené,
La raison cedant à la rage,
Mes sens des desirs emportez
Flottoient confus de tous costez,
Comme vn vaisseau parmy l'orage.

Blasphemant la terre & les Cieux.
Mesmes ie m'estois odieux
Tant la fureur troubloit mon ame.
Et bien que mon sang amassé
Autour de mon cœur fust glacé
Mes propos n'estoient que de flame.

Pensif, frenetique, & resuant,
L'esprit troublé, la teste au vent,
L'œil hagard, le visage blesme,
Tu me fis tous maux esprouuer
Et sans iamais me retrouuer
Ie m'allois cherchant en moy mesme.

Cependant lors que ie voulois
Par raison enfreindre tes loix
Rendant ma flame refroidie,
Pleurant i'accusay ma raison,
Et trouuay que la guerison
Est pire que la maladie.

ODE.

Vn regret penſif & confus
D'auoir eſté & n'eſtre plus
Rend mon ame aux douleurs ouuerte,
A mes deſpens las! ie voy bien
Qu'vn bon-heur comme eſtoit le mien
Ne ſe cognoiſt que par la perte.

SONNET

Sur la mort de M. Rapin.

Paſſant, cy giſt Rapin, la gloire de ſon age,
Superbe honneur de Pinde & de ſes beaux ſecrets,
Qui viuant ſurpaſſa les Latins & les Grecs,
Soit en profond ſçauoir ou douceur de langage.

Eterniſant ſon nom auecq' maint haut ouurage,
Au futur il laiſſa mille poignants regrets
De ne pouuoir attaindre, ou de loin ou de près,
Au but où le porta l'eſtude & le courage.

On dit, & ie le croy, qu'Apollon fut ialoux,
Le voyant comme vn Dieu reueré parmi nous,
Et qu'il miſt de rancœur ſi-toſt fin à ſa vie.

Conſidere, paſſant, quel il fuſt icy-bas,
Puiſque ſur ſa vertu les dieux eurent enuie,
Et que tous les humains y pleurent ſon treſpas.

Discovrs

D'vne vieille Maquerelle.

Depuis que ie vous ay quitté
Ie m'en fuis allé depité,
Voire auſſi remply de colere
Qu'vn voleur qu'on meine en gallere,
Dans vn lieu de mauuais renom
Où iamais femme n'a dict non,
Et là ie ne vis que l'hoſteſſe,
Ce qui redoubla ma triſteſſe,
Mon amy, car i'auois pour lors
Beaucoup de graine dans le corps.
Ceſte vieille branflant la teſte,
Me dit excuſez, c'eſt la feſte
Qui fait que l'on ne trouue rien,
Car tout le monde eſt Iean de bien,
Et ſi i'ay promis en mon ame
Qu'à ce iour pour euiter blaſme,
Ce peché ne feroit commis.
Mais vous eſtes de nos amis,
Parmanenda ie vous le iure,
Il faut, pour ne vous faire iniure,
Apres meſme auoir eu le ſoing
De venir chez nous de ſi loing.
Que ma chambriere i'enuoye

lufques à l'efcu de Sauoye :
Là mon amy tout d'vn plain faut
On trouuera ce qu'il vous faut.
Que i'ayme les hommes de plume,
Quand ie les voy mon cœur s'allume,
Autresfois i'ay parlé Latin,
Difcourons vn peu du deftin.
Peut-il forcer les profeffies,
Les pourceaux ont-ils des veffies,
Dittes nous quel autheur efcrit
La naiffance de l'Antechrift.
O le grand homme que Virgille,
Il me fouuient de l'Euangile
Que le preftre a dit auiourd'huy :
Mais vous prenez beaucoup d'ennuy.
Ma feruante eft vn peu tardiue,
Si faut-il vrayment qu'elle arriue
Dans vn bon quart d'heure d'icy.
Elle m'en fait toufiours ainfi.
En attendant prenez vn fiege
Vos efcarpins n'ont point de liege,
Voftre collet fait vn beau tour,
A la guerre de Mont-contour
On ne portoit point de rotonde.
Vous ne voulez pas qu'on vous tonde.
Les chofes grands font de faifon.
Ie fus autrefois de maifon
Docte, bien parlante, & habille
Autant que fille de la ville.

Ie me faifois bien decroter,
Et nul ne m'entendoit peter,
Que ce ne fut dedans ma chambre.
I'auoy toufiours vn collier d'ambre,
Des gands neufs, mes foulliers noircis,
I'euffe peu captiuer Narcis,
Mais hélas ! eftant ainfi belle
Ie ne fus pas long temps pucelle,
Vn cheualier d'authorité
Achepta ma virginité.
Et depuis auec vne drogué,
Ma mere qui faifoit la rogue
Quand on me parloit de cela
En trois iours me repucela.
I'eftois faicte à fon badinage :
Apres pour feruir au mefnage,
Vn prelat me voulut auoir,
Son argent me mit en deuoir
De le feruir, & de luy plaire,
Toute chofe requiert falaire :
Puis apres voyant en effect
Mon pucelage tout refait,
Ma mere en fon meftier fçauante,
Me mit vne autrefois en vente,
Si bien qu'vn ieune treforier,
Fut le troifiefme aduenturier
Qui fit boüillir noftre marmite :
I'apris autresfois d'vn Hermite
Tenu pour vn fçauant parleur,

Qu'on peut defrober vn voleur,
Sans fe charger la confcience,
Dieu m'a donné cefte fcience.
Ceft homme auffi riche que lait,
Me fit efpoufer fon vallet,
Vn homme qui fe nommoit Blaife.
Ie ne fus onc tant à mon aife
Qu'à l'heure que ce gros manant
Alloit les reftes butinant,
Non pas feulement de fon maiftre,
Mais du cheualier & du preftre.
De ce cofté i'eus mille frans,
Et i'auois ià depuis deux ans
Auec ma petite pratique,
Gaigné de quoy leuer boutique
De tauernier à Mont-lhéry
Où naquift mon pauure mary.
Helas! que c'eftoit vn bon homme,
Il auoit efté iufqu'à Rome,
Il chantoit comme vn roffignol,
Il sçauoit parler espagnol
Il ne receuoit point d'efcornes
Car il ne porta point les cornes,
Depuis qu'auecques luy ie fus.
Il auoit les membres touffus,
Le poil eft vn figne de force,
Et ce figne a beaucoup d'amorce,
Parmy les femmes du meftier.
Il eftoit bon arbaleftrier.

Sa cuiſſe eſtoit de belle marge,
Il auoit l'eſpaule bien large,
Il eſtoit ferme de roignons,
Non comme ces petits mignons,
Qui font de la ſainĉte nitouche,
Auſſi toſt que leur doigt vous touche,
Ils n'oſent pouſſer qu'à demy.
Celui-là pouſſoit en amy,
Et n'auoit ny muſcle ny veine
Qu'il ne pouſſaſt ſans perdre haleine :
Mais tant & tant il a pouſſé,
Qu'en pouſſant il eſt treſpaſſé.
Soudain que ſon corps fuſt en terre,
L'enfant amour me fit la guerre,
De façon que pour mon amant,
Ie prins vn bateleur Normant,
Lequel me donna la verrolle,
Puis luy pretay ſur ſa parole,
Auant que ie cogneuſſe rien
A ſon mal, preſque tout mon bien.
Maintenant nul de moy n'a cure,
Ie fleſchy aux loix de nature,
Ie ſuis auſſi ſeiche qu'vn os,
Je ferois peur aux huguenos
En me voyant ainſi ridee,
Sans dents & la gorge bridee,
S'ils ne mettoient nos viſions
Au rang de leurs deriſions.
Ie ſuis vendeuſe de chandelle

Il ne s'en voit point de fidelle,
En leur eſtat, comme ie ſuis,
Ie cognois bien ce que ie puis,
Ie ne puis aimer la ieuneſſe
Qui veut auoir trop de fineſſe,
Car les plus fines de la cour
Ne me cachent point leur amour.
Telle va ſouuent à l'Egliſe
De qui ie cognois la feintiſe,
Telle qui veut ſon fait nier
Dit que c'eſt pour communier.
Mais la choſe m'eſt indiquee,
C'eſt pour eſtre communiquee
A ſes amys par mon moyen
Comme Heleine fuſt au Troyen.
   Quand la vieille ſans nulle honte,
M'euſt acheué ſon petit conte,
Vn commiſſaire illec paſſa,
Vn ſergent la porte pouſſa,
Sans attendre la chambriere
Ie ſortis par l'huis de derriere,
Et m'en allay chez le voiſin
Moitié figue & moitié raiſin,
N'ayant ny triſteſſe ny ioye
De n'auoir point trouué la proye.

Epitaphe de Regnier.

I'ay vescu sans nul pensement,
Me laissant aller doucement
A la bonne loy naturelle,
Et si m'estonne fort pourquoy
La mort osa songer à moy,
Qui ne songeay iamais à elle.

OEVVRES POSTHVMES.

Satyre.

N'avoir crainte de rien, & ne rien eſpérer,
Amy, c'eſt ce qui peut les hommes bien-heurer :
J'ayme les gens hardis, dont l'ame non commune,
Morgant les accidens, fait teſte à la fortune,
Et voyant le ſoleil de flamme reluiſant,
La nuit au manteau noir les Aſtres conduiſant.
La Lune ſe maſquant de formes differentes,
Faire naitre les mois en ſes courſes errantes,
Et les Cieux ſe mouvoir par reſſorts diſcordans,
Les vns chauds tempérez, & les autres ardens,
Qui ne s'emouvant point, de rien n'ont l'ame atteinte,
Et n'ont en les voyant, eſperance ni crainte.
Meſme ſi peſle meſle avec les Elemens,
Le Ciel d'airain tomboit iuſques aux fondemens,
Et que tout ſe froiſſaſt d'vne étrange tempeſte,
Les eſclats ſans frayeur leur frapperoyent la teſte.
Combien moins les aſſauts de quelque paſſion

Dont le bien & le mal n'eſt qu'vne opinion?
  Ni les honneurs perdus, ni la richeſſe acquiſe
N'auront ſur ſon eſprit, ny puiſſance ny priſe.
Dy moy, qu'eſt-ce qu'on doit plus cherement aymer
De tout ce que nous donne ou la Terre ou la Mer?
Ou ces grans Diamans, ſi brillans à la veuë,
Dont la France ſe voit à mon gré trop pourveuë,
Ou ces honneurs cuiſans que la faveur depart
Souvent moins par raiſon, que non pas par hazard,
Ou toutes ces grandeurs apres qui l'on abbaye,
Qui font qu'vn Preſident dans les procés s'égaye.
De quel œil, trouble, ou clair, dy-moy, les doit-on voir,
Et de quel appetit au cœur les recevoir?
  Ie trouue, quant à moy, bien peu de difference
Entre la froide peur, & la chaude eſpérance,
D'autant que meſme doute également aſſaut
Noſtre eſprit qui ne ſçait au vray ce qu'il luy faut.
  Car eſtant la Fortune en ſes fins incertaine,
L'accident non prévû nous donne de la peine;
Le bien ineſperé nous ſaiſit tellement,
Qu'il nous gele le ſang, l'ame & le jugement,
Nous fait fremir le cœur, nous tire de nous-meſmes;
Ainſi diverſement ſaiſis des deux extremes,
Quand le ſuccés du bien au deſir n'eſt égal,
Nous nous ſentons troublez du bien comme du mal,
Et trouvant meſme effet en vn ſujet contraire,
Le bien fait dedans nous ce que le mal peut faire.
  Or donc, que gagne-t-on de rire, ou de pleurer?
Craindre confuſement, bien, ou mal eſperer?

Puisque mesme le bien excedant nostre attente,
Nous saisissant le cœur, nous trouble, & nous tourmente,
Et nous desobligeant nous mesme en ce bon-heur,
La ioie & le plaisir nous tient lieu de douleur.
Selon son roolle, on doit iouër son personnage,
Le bon sera méchant, insensé l'homme sage,
Et le prudent sera de raison devestu,
S'il se monstre trop chaud à suivre la vertu ;
Combien plus celuy-là dont l'ardeur non commune
Eléve ses desseins jusqu'au Ciel de la Lune,
Et se privant l'esprit de ses plus doux plaisirs,
A plus qu'il ne se doit, laisse aller ses desirs ?
  Va donc, & d'vn cœur sain voyant le Pont-au-change,
Desire l'or brillant sous mainte pierre étrange ;
Ces gros lingots d'argent, qu'à grans coups de marteaux.
L'art forme en cent façons de plats, & de vaisseaux ;
Et deuant que le iour aux gardes se découvre,
Va, d'vn pas diligent, à l'Arcenac, au Louvre ;
Talonne vn President, suy-le comme vn valet,
Mesme, s'il est besoin, estrille son mulet,
Suy jusques au Conseil les Maistres des Requestes,
Ne t'enquiers curieux s'ils sont hommes ou bestes,
Et les distingues bien, les vns ont le pouvoir
De iuger finement vn proces sans le voir ;
Les autres comme Dieux pres le soleil résident,
Et Demons de Plutus, aux finances president,
Car leurs seules faveurs peuuent, en moins d'vn an,
Te faire devenir Chalange, ou Montauban.
Ie veux encore plus, démembrant la Province,

Ie veux, de partifan que tu deviennes Prince.
Tu feras des Badauts en paffant adoré,
Et fera iufqu'au cuir ton caroffe doré ;
Chacun en ta faueur mettra fon efpérance.
Mille valets fous toy defoleront la France,
Tes logis tapiffés en magnifique arroy,
D'éclat aueugleront ceux-là mefmes du Roy.
Mais fi faut-il, enfin, que tout vienne à fon conte,
Et foit auec l'honneur, ou foit auec la honte,
Il faut, perdant le jour, efprit, fens, & vigueur,
Mourir comme Enguerand, ou comme Iacques Cœur
Et defcendre là-bas, où, fans choix de perfonnes,
Les efcuelles de bois s'égalent aux Couronnes.

En courtifant pourquoy perdrois-ie tout mon temps,
Si de bien & d'honneur mes efprits font contens ?
Pourquoy d'ame & de corps, faut-il que ie me peine,
Et qu'eftant hors du fens, auffi bien que d'haleine,
Ie fuiue vn financier, foir, matin, froid, & chaud,
Si i'ay du bien pour viure autant comme il m'en faut ?
Qui n'a point de procés, au Palais n'a que faire,
Vn Prefident pour moy n'eft non plus qu'vn notaire.
Ie fais autant d'état du long comme du court,
Et mets en la Vertu ma faueur, & ma Court.
Voilà le vray chemin, franc de crainte & d'envie,
Qui doucement nous meine à cette heureufe vie,
Que parmy les rochers & les bois defertez,
Ieufne, veille, oraifon, & tant d'aufteritez,
Les Hermites iadis, ayant l'Efprit pour guide,
Chercherent fi longtemps dedans la Thebaïde.

Adorant la Vertu, de cœur, d'ame, & de foy,
Sans la chercher si loin, chacun l'a dedans soy,
Et peut, comme il lui plaist, luy donner la teinture,
Artisan de sa bonne ou mauvaise aventure.

SATYRE.

Perclus d'vne jambe, & des bras,
Tout de mon long entre deux dras.
Il ne me reste que la langue
Pour vous faire cette harangue.
Vous sçavés que i'ay pension,
Et que l'on a pretention,
Soit par sotise ou par malice,
Embarrassant le Benefice,
Me rendre, en me torchant le bec,
Le ventre creux comme vn rebec.
On m'en baille en discours de belles,
Mais de l'argent point de nouvelles;
Encore au lieu de payement,
On parle d'vn retranchement,
Me faisant au nez grise mine,
Que l'Abbaye est en ruïne,
Et ne vaut pas, beaucoup s'en faut,
Les deux mille francs qu'il me faut ;
Si bien que ie juge, à son dire,

Malgré le feu Roy noſtre Sire,
Qu'il deſireroit volontiers
Lâchement me reduire au tiers.
Ie laiſſe à part ce facheux conte;
Au Primtemps que la bile monte
Par les veines dans le cerveau,
Et que l'on ſent au renouveau,
Son Eſprit fécond en ſornettes,
Il fait mauvais ſe prendre aux Poëtes;
Toutesfois, ie ſuis de ces Gens
De toutes choſes négligens,
Qui vivant au iour la iournée,
Ne contrôllent leur deſtinée,
Oubliant, pour ſe mettre en paix,
Les injures & les bien-faits,
Et s'arment de Philoſophie;
Il eſt pourtant fou qui s'y fie;
Car la Dame indignation
Eſt vne forte paſſion.
Eſtant donc en mon lit malade,
Les yeux creux & la bouche fade,
Le teint iaune comme vn eſpy,
Et non pas l'eſprit aſſoupy,
Qui dans ſes caprices s'égaye,
Et ſouvent ſe donne la baye,
Se feignant, pour paſſer le temps.
Avoir cent mille eſcus contans,
Avec cela large campagne;
Ie fais des chaſteaux en Eſpagne.

J'entreprens partis fur partis,
Toutesfois, je vous avertis,
Pour le Sel, que ie m'en deporte,
Que ie n'en fuis en nulle forte,
Non plus que du droit Annuël,
Ie n'ayme point le Cafuël,
I'ay bien vn avis d'autre eftoffe,
Dont du Luat le Philofophe
Défigne rendre au Confulat
Le nez fait comme vn cervelat :
Si le Confeil ne s'y oppofe,
Vous verrez vne belle chofe.
Mais laiffant là tous ces proiets,
Ie ne manque d'autres fuiets,
Pour entretenir mon caprice
En vn fantaftique exercice ;
Ie difcours des neiges d'antan,
Ie prens au nid le vent d'autan,
Ie pete contre le Tonnerre,
Aux papillons ie fais la guerre,
Ie compofe Almanachs nouveaux,
De rien ie fais brides à Veaux,
A la S. Iean ie tends aux gruës,
Ie plante des pois par les ruës,
D'vn bafton ie fais vn cheval,
Ie voy courir la Seine à val,
Et beaucoup de chofes, beau fire,
Que ie ne veux, & n'ofe dire.
Apres cela, ie peinds en l'air,

SATYRE. 217

I'apprens aux aſnes à voler,
Du Bordel ie fais la Chronique,
Aux chiens j'apprens la Rhetorique;
Car, enfin, ou Plutarque ment,
Ou bien ils ont du iugement.
Ce n'eſt pas tout, ie dis fornettes,
Ie dégoiſe des Chanſonnettes,
Et vous dis, qu'auec grand effort,
La Nature pâtit tres-fort.
Ie ſuis ſi plein que ie regorge,
Si vne fois ie rens ma gorge,
Eclatant ainſi qu'vn petard,
On dira, le Diable y ayt part.
Voilà comme le temps ie paſſe,
Si ie ſuis las, ie me délaſſe,
I'écris, ie lis, ie mange & boy,
Plus heureux cent fois que le Roy,
(Ie ne dis pas le Roy de France)
Si ie n'eſtois court de finance.
Or, pour finir, voilà comment
Ie m'entretiens biſarrement,
Et prenez-moy les plus extremes
En ſageſſe, ils vivent de meſmes,
N'eſtant l'humain entendement
Qu'vne groteſque ſeulement.
Vuidant des bouteilles caſſées,
Ie m'embaraſſe en mes penſées,
Et quand i'y ſuis bien embrouïllé,
Ie me couvre d'vn ſac mouïllé.

Faute de papier, *bona fere*,
Qui a de l'argent, fi le ferre.
Votre Serviteur à iamais,
Maiftre Ianin du Pontalais.

Elegie.

L'homme s'oppose en vain contre la destinée.
Tel a domté sur mer la tempeste obstinée,
Qui deceu dans le port, esprouue en vn instant
Des accidens humains le reuers inconstant,
Qui le jette au danger, lors que moins il y pense.
Ores, à mes depens i'en fais l'experience,
Moy, qui tremblant encor du naufrage passé,
Du bris de mon navire au rivage amassé,
Bâtissois vn autel aux Dieux legers des Ondes,
Iurant mesme la mer, & ses vagues profondes,
Instruit à mes dépens, & prudent au danger,
Que je me garderois de croire de leger,
Sçachant qu'injustement il se plaint de l'orage,
Qui remontant sur mer fait vn second naufrage.
Cependant ay-ie à peine essuyé mes cheveux,
Et payé dans le port l'offrande de mes vœux,
Que d'vn nouveau desir le courant me transporte,
Et n'ay pour l'arrester la raison assez forte.
Par vn destin secret mon cœur s'y voit contraint,
Et par vn si doux nœud si doucement estreint,
Que me trouvant espris d'vne ardeur si parfaite,
Trop heureux en mon mal, ie benis ma defaite,

Et me fens glorieux, en vn fi beau tourment,
De voir que ma grandeur ferve fi dignement ;
Changement bien étrange en vne amour fi belle !
Moy, qui rangeois au joug la terre vniuerfelle,
Dont le nom glorieux aux Aftres eflevé,
Dans le cœur des mortels par vertu s'eft gravé,
Qui fis de ma valeur le hazard tributaire,
A qui rien, fors l'Amour, ne put eftre contraire,
Qui commande par tout, indomptable en pouvoir,
Qui fçay donner des loix, & non les recevoir ;
Ie me voy prifonnier aux fers d'vn ieune Maiftre,
Où ie languis efclave, & fais gloire de l'eftre,
Et font à le fervir tous mes vœux obligez ;
Mes palmes, mes lauriers en myrthes font changez,
Qui fervant de trophée aux beautez que i'adore,
Font en fi beau fuiet que ma perte m'honnore.

 Vous, qui dés le berceau de bon œil me voyez,
Qui du troifiéme Ciel mes deftins envoyez,
Belle & fainte planete, Aftre de ma naiffance,
Mon bon-heur plus parfait, mon heureufe infliience,
Dont la douceur prefide aux douces paffions,
Venus, prenez pitié de mes affections,
Soyez-moy favorable, & faites à cette heure,
Pluftoft que découvrir mon amour, que ie meure :
Et que ma fin témoigne, en mon tourment fecret,
Qu'il ne vefcut iamais vn amant fi difcret,
Et qu'amoureux conftant, en vn fi beau martyre,
Mon trépas feulement mon amour puiffe dire.

 Ha ! que la paffion me fait bien difcourir !

Non, non, vn mal qui plaiſt, ne fait jamais mourir.
Dieux! que puis-je donc faire au mal qui me tourmente!
La patience eſt foible, & l'amour violente,
Et me voulant contraindre en ſi grande rigueur,
Ma plainte ſe dérobbe, & m'échappe du cœur,
Semblable à cet enfant, que la Mere en colere,
Aprés vn châtiment veut forcer à ſe taire,
Il s'efforce de crainte à ne point ſoupirer,
A grand peine oſe-t-il ſon haleine tirer;
Mais nonobſtant l'effort, dolent en ſon courage,
Les ſanglots, à la fin, debouchent le paſſage,
S'abandonnant aux cris, ſes yeux fondent en pleurs,
Et faut que ſon reſpect défere à ſes douleurs.
De meſme, ie m'efforce au tourment qui me tuë,
En vain de le cacher mon reſpect s'evertuë,
Mon mal, comme vn torrent, pour vn temps retenu,
Renverſant tout obſtacle, eſt plus fier devenu.

Or puis-que ma douleur n'a pouvoir de ſe taire,
Et qu'il n'eſt ni deſert, ni rocher ſolitaire,
A qui de mon ſecret ie m'oſaſſe fier,
Et que juſqu'à ce point ie me dois oublier,
Que de dire ma peine en mon cœur ſi contrainte,
A vous ſeule, en pleurant, j'addreſſe ma complainte;
Auſſi puis-que voſtre œil m'a tout ſeul aſſervy,
C'eſt raiſon que luy ſeul voye comme ie vy,
Qu'il voye que ma peine eſt d'autant plus cruelle,
Que ſeule en l'Vnivers, ie vous eſtime belle;
Et ſi de mes diſcours vous entrez en courroux,
Songez qu'ils font en moy, mais qu'ils naiſſent de vous

Et que ce feroit eftre ingrate en vos defaites,
Que de fermer les yeux aux playes que vous faites.

 Donc, Beauté plus qu'humaine, objet de mes plaifirs,
Delices de mes yeux, & de tous mes defirs,
Qui regnez fur les cœurs d'vne contrainte aimable,
Pardonnez à mon mal, hélas! trop veritable,
Et lifant dans mon cœur que valent vos attraits,
Le pouvoir de vos yeux, la force de vos traits,
La preuve de ma foy, l'aigreur de mon martyre,
Pardonnez à mes cris de l'avoir ofé dire,
Ne vous offencez point de mes juftes clameurs,
Et fi mourant d'amour, ie vous dis que ie meurs.

Dialogue.

Cloris & Philis.

CLORIS.

Philis, œil de mon cœur, & moitié de moy-mefme,
Mon Amour, qui te rend le vifage fi blefme ?
Quels fanglots, quels foufpirs, quelles nouvelles pleurs,
Noyent de tes beautez les graces & les fleurs ?

PHILIS.

Ma douleur eft fi grande, & fi grand mon martyre,
Qu'il ne fe peut, Cloris, ni comprendre, ni dire.

CLORIS.

Ces maintiens égarez, ces penfers efperdus,
Ces regrets, & ces cris, par ces bois efpandus,
Ces regards languiffans, en leurs flammes difcrettes,
Me font de ton Amour les paroles fecrettes.

PHILIS.

Ha ! Dieu, qu'vn divers mal diuerfement me point !
I'ayme ; hélas ! non, Cloris, non non, je n'aime point.

CLORIS.

La honte ainfi dément ce que l'Amour décelle,
La flame de ton cœur par tes yeux eftincelle,
Et ton filence mefme, en ce profond malheur,
N'eft que trop éloquent à dire ta douleur ;
Tout parle en ton vifage, & te voulant contraindre,
L'Amour vient, malgré toy, fur ta lévre à fe plaindre.
Pourquoy veux-tu, Philis, aymant comme tu fais,
Que l'Amour fe demente en fes propres effets ?
Ne fçais-tu que ces pleurs, que ces douces œillades,
Ces yeux, qui fe mourant, font les autres malades,
Sont theatres du cœur où l'amour vient jouër
Les penfers que la bouche a honte d'avouër ?
N'en fais donc point la fine, & vainement ne cache
Ce qu'il faut, malgré toi, que tout le monde fache,
Puis-que le feu d'Amour, dont tu veux triompher,
Se montre d'autant plus qu'on le penfe étouffer.
L'Amour eft vn Enfant, nud, fans fard, & fans crainte,
Qui fe plaift qu'on le voye, & qui fuit la contrainte ;
Force donc tout refpect, ma chere fille, & croy
Que chacun eft fujet à l'Amour, comme toy.
En jeuneffe i'aymay, ta Mere fit de mefme,
Licandre ayma Lifis, & Félifque Philefme,
Et fi l'âge efteignit leur vie & leurs foupirs,
Par ces plaines encore on en fent les Zéphirs ;
Ces fleuves font encor tout enflez de leurs larmes,
Et ces prez tout ravis de tant d'amoureux charmes ;
Encore oit-on l'Echo redire leurs chanfons,

Et leurs noms sur ces bois gravez en cent façons.
Mesmes que penses-tu ? Berenice la belle,
Qui semble contre Amour si fiere & si cruelle,
Me dit tout franchement, en pleurant, l'autre jour,
Qu'elle estoit sans Amant, mais non pas sans amour.
Telle encor qu'on me voit, i'ayme de telle sorte,
Que l'effet en est vif, si la cause en est morte,
Es cendres d'Alexis Amour nourrit le feu
Que iamais par mes pleurs éteindre ie n'ay peu ;
Mais comme d'vn seul trait notre ame fut blessée,
S'il n'avoit qu'vn desir, ie n'eus qu'vne pensée.

PHILIS.

Ha ! n'en dis davantage, & de grace, ne rens
Mes maux plus douloureux, ni mes ennuis plus grans.

CLORIS.

D'où te vient le regret dont ton ame est saisie ?
Est-ce infidélité, mépris ou jalousie ?

PHILIS.

Ce n'est ni l'vn, ni l'autre, & mon mal rigoureux
Excéde doublement le tourment amoureux.

CLORIS.

Mais ne peut-on sçavoir le mal qui te possede ?

PHILIS.

A quoy serviroit-il, puis-qu'il est sans remede?

CLORIS.

Volontiers les ennuis s'alegent aux discours.

PHILIS.

Las! ie ne veux aux miens, ni pitié ni secours.

CLORIS.

La douleur que l'on cache est la plus inhumaine.

PHILIS.

Qui meurt en se taisant, semble mourir sans peine.

CLORIS.

Peut-estre en la disant te pourray-je guerir.

PHILIS.

Tout remede est fâcheux alors qu'on veut mourir.

CLORIS.

Au moins avant la mort dis où le mal te touche.

PHILIS.

Le secret de mon cœur ne va point en ma bouche.

CLORIS.

Si je ne me deçois, ce mal te vient d'aymer.

PHILIS.

Cloris, d'vn double feu je me fens confumer.

CLORIS.

La douleur, malgré toy, la langue te dénouë.

PHILIS.

Mais faut-il, à ma honte, hélas ! que ie l'avouë ?
Et que ie die vn mal, pour qui jufques icy,
I'eus la bouche fermée, & le cœur fi tranfy,
Qu'eftouffant mes foupirs, aux bois, aux prez, aux plaines,
Ie ne pus, ny n'ofay difcourir de mes peines ?

CLORIS.

Avec toy mourront donc tes ennuis rigoureux ?

PHILIS.

Mon cœur eft vn fepulcre honnorable pour eux.

CLORIS.

Ie croy lire en tes yeux quelle eft ta maladie.

PHILIS.

Si tu la vois, pourquoy veux-tu que ie la die ?

Auray-ie affez d'audace à dire ma langueur?
Ha! perdons le refpect, où i'ay perdu le cœur.
I'ayme, i'ayme, Cloris, & cet enfant d'Eryce,
Qui croit que c'eft pour moi trop peu que d'vn fuplice,
De deux traits qu'il tira des yeux de deux amans,
Caufe en moy ces douleurs, & ces gemiffemens,
Chofe encor inouïe, & toutesfois non feinte,
Et dont iamais Bergere à ces bois ne s'eft plainte!

CLORIS.

Seroit-il bien poffible!

PHILIS.

A mon dam tu le vois.

CLORIS.

Comment! qu'on puiffe aymer deux hommes à la fois!

PHILIS.

Mon malheur en ceci n'eft que trop veritable;
Mais las! il eft bien grand, puis qu'il n'eft pas croyable.

CLORIS.

Qui font ces deux bergers dont ton cœur eft efpoint?

PHILIS.

Amynte, & Philémon; ne les connois-tu point?

CLORIS.

Ceux qui furent bleffez, lors que tu fus ravie?

PHILIS.

Oui, ces deux dont ie tiens, & l'honneur & la vie.

CLORIS.

I'en fçay tout le difcours; mais dy-moy feulement
Comme Amour par leurs yeux charma ton jugement.

PHILIS.

Amour tout dépité de n'avoir point de flefche
Affez forte pour faire en mon cœur vne brefche,
Voulant qu'il ne fût rien dont il ne fût vainqueur,
Fit par les coups d'autrui cette plaie en mon cœur,
Quand ces Bergers navrez, fans vigueur, & fans armes,
Tout moites de leur fang, comme moy de mes larmes,
Pres du Satyre mort, & de moy, que l'ennuy
Rendoit en apparence auffi morte que luy,
Firent voir à mes yeux, d'vne piteufe forte,
Qu'autant que leur Amour leur valeur eftoit forte.
Ce traitre, tout couvert de fang & de pitié,
Entra dedans mon cœur fous couleur d'amitié,
Et n'y fut pas pluftoft, que morte, froide, & blefme,
Ie ceffay, toute en pleurs, d'eftre plus à moy-mefme;
I'oubliay Pere & mere, & troupeaux, & maifon,
Mille nouveaux defirs faifirent ma raifon,

I'erray deçà, de-là, furieufe, infenfée,
De penfers en penfers s'égara ma penfée,
Et comme la fureur eftoit plus douce en moy,
Reformant mes façons, je leur donnois la Loy,
I'accommodois ma grace, agençois mon vifage,
Vn jaloux foin de plaire excitoit mon courage,
I'allois plus retenuë, & compofois mes pas,
I'apprenois à mes yeux à former des appas,
Ie voulois fembler belle, & m'efforçois à faire
Vn vifage qui peût également leur plaire,
Et lors qu'ils me voioient par hazard, tant foit peu,
Ie friffonnois de peur craignant qu'ils euffent veu,
Tant j'eftois en amour innocemment coupable,
Quelque façon en moy qui ne fût agreable.
Ainfi, tousjours en trance, en ce nouveau foucy,
Ie difois à part-moy, las! mon Dieu! qu'eft-cecy!
Quel foin, qui de mon cœur s'eftant rendu le maitre,
Fait que je ne fuis plus ce que ie foulois eftre!
D'où vient que jour & nuit je n'ay point de repos,
Que mes foupirs ardens traverfent mes propos,
Que loin de la raifon tout confeil ie rejette,
Que je fois, fans fujet, aux larmes fi fujette!
Ha! fotte, répondois-je apres, en me tançant,
Non, ce n'eft que pitié que ton ame reffent
De ces Bergers bleffez ; te fâches-tu, cruelle,
Aux doux reffentimens d'vn acte fi fidele ?
Serois-tu pas ingrate en faifant autrement ?
Ainfi ie me flattois en ce faux jugement,
Eftimant en ma peine, aveugle & langoureufe,

Eftre bien pitoyable, & non pas amoureufe.
Mais las! en peu de temps je connus mon erreur,
Tardive connoiffance à fi prompte fureur!
I'apperceus, mais trop tard, mon amour vehemente,
Les connoiffant Amans, ie me connus Amante,
Aux rayons de leur feu, qui luit fi clairement,
Helas! je vis leur flame, & mon embrafement,
Qui croiffant par le temps s'augmenta d'heure en heure,
Et croiftra, ç'ay-ie peur, jufqu'à tant que ie meure.
Depuis, de mes deux yeux le fommeil fe bannit,
La douleur de mon cœur mon vifage fannit,
Du foleil, à regret, la lumiere m'éclaire,
Et rien que ces Bergers au cœur ne me peut plaire.
Mes fleches & mon arc me viennent à mepris,
Vn choc continuël fait guerre à mes efprits,
Ie fuis du tout en proye à ma peine enragée,
Et pour moy, comme moy, toute chofe eft changée.
Nos champs ne font plus beaux, ces prez ne font plus vers,
Ces arbres ne font plus de fuëillages couvers,
Ces ruiffeaux font troublez des larmes que ie verfe,
Ces fleurs n'ont plus d'émail en leur couleur diverfe,
Leurs attraits fi plaifans, font changez en horreur,
Et tous ces lieux maudits n'infpirent que fureur.
Icy, comme autrefois, ces paftis ne fleuriffent,
Comme moy de mon mal mes troupeaux s'amaigriffent;
Et mon chien, m'abbayant, femble me reprocher,
Que j'aye ore à mépris ce qui me fut fi cher;
Tout m'eft à contre-cœur, horfmis leur fouvenance.
Hélas! je ne vis point, finon lors que j'y penfe,

Ou lors que je les vois, & que vivante en eux,
Ie puife dans leurs yeux vn venin amoureux.
Amour, qui pour mon mal, me rend ingénieufe,
Donnant tréve à ma peine ingrate & furieufe,
Les voyant, me permet l'vfage de raifon,
Afin que ie m'efforce apres leur guerifon ;
Me fait penfer leurs maux; mais las ! en vain j'effaye,
Par vn mefme appareil pouvoir guerir ma playe !
Ie fonde de leurs coups l'étrange profondeur,
Et ne m'étonne point pour en voir la grandeur.
I'étuue de mes pleurs leurs bleffures fanglantes,
Helas ! à mon malheur, bleffures trop bleffantes,
Puis-que vous me tuez, & que mourant par vous
Ie fouffre en vos douleurs, & languis en vos coups !

CLORIS.

Brûlent-ils comme toy d'amour demefurée ?

PHILIS.

Ie ne fçay ; toutesfois, i'en penfe eftre affurée.

CLORIS.

L'amour fe perfuade affez légerement.

PHILIS.

Mais ce que l'on defire, on le croit aifément.

CLORIS.

Le bon amour, pourtant, n'eft point fans défiance.

PHILIS.

Ie te diray fur quoy i'ay fondé ma croyance;
Vn jour, comme il avint qu'Amynte eftant bleffé,
Et qu'eftant de fa playe & d'amour opreffé,
Ne pouvant clore l'œil, éveillé du martyre,
Se pleignoit en pleurant, d'vn mal qu'il n'ofoit dire;
Mon cœur, qui du paffé, le voyant, fe fouvint,
A ce piteux objet toute pitié devint,
Et ne pouvant fouffrir de fi rudes alarmes,
S'ouvrit à la douleur, & mes deux yeux aux larmes;
Enfin comme ma voix, ondoyante à grans flots,
Eut trouvé le paffage entre mille fanglots,
Me forçant en l'accés du tourment qui me gréve,
I'obtins de mes douleurs à mes pleurs quelque tréve,
Ie me mis à chanter, & le voyant gémir,
En chantant, i'invitois fes beaux yeux à dormir;
Quand luy, tout languiffant, tournant vers moy fa tefte,
Qui fembloit vn beau lis battu de la tempefte,
Me lançant vn regard qui le cœur me fendit,
D'vne voix rauque & caffe, ainfi me répondit :
Philis, comme veux-tu qu'abfent de toy ie vive?
Ou bien qu'en te voyant, mon ame ta captive,
Trouve, pour endormir fon tourment furieux,
Vne nuit de repos au jour de tes beaux yeux?
Alors toute furprife en fi prompte nouvelle,
Ie m'enfuy de vergongne, où Filemon m'appelle,
Qui navré, comme luy, de pareils accidens,
Languiffoit en fes maux trop vifs & trop ardens.

Moy qu'vn devoir égal à mefme foin invite,
Ie m'approche de luy, fes playes ie vifite,
Mais las ! en m'appreftant à ce piteux deffein,
Son beau fang, qui s'émeut, jaillit deffus mon fein ;
Tombant évanouy, toutes fes playes s'ouvrent,
Et fes yeux, comme morts, de nuages fe couvrent ;
Comme auecque mes pleurs ie l'eus fait revenir,
Et me voyant fanglante en mes bras le tenir,
Me dit, Belle Philis, fi l'Amour n'eft vn crime,
Ne méprifez le fang qu'efpand cette victime,
On dit qu'eftant touché de mortelle langueur
Tout le fang fe refferre, & fe retire au cœur,
Las ! vous eftes mon cœur, où pendant que i'expire,
Mon fang brûle d'amour, s'vnit & fe retire.
Ainfi de leurs deffeins ie ne puis plus douter ;
Et lors, moy que l'Amour oncques ne fceut domter,
Ie me fentis vaincuë, & glifler en mon ame,
De ces propos fi chauds, & fi brûlans de flame,
Vn rayon amoureux qui m'enflama fi bien,
Que tous mes froids dédains n'y fervirent de rien.
Lors ie m'en cours de honte où la fureur m'emporte,
N'ayant que la penfée, & l'Amour pour efcorte,
Et fuis comme la biche à qui l'on a percé
Le flanc mortellement d'vn garot traverfé,
Qui fuit dans les forefts, & toûjours avec elle
Porte fans nul efpoir, fa bleffure mortelle ;
Las ! je vay tout de mefme, & ne m'apperçois pas,
O malheur ! qu'avec moy, ie porte mon trépas,
Ie porte le Tyran, qui de poifon m'enyvre,

Et qui, fans me tuër, en ma mort me fait vivre ;
Heureufe, fans languir fi longtemps aux abbois,
Si j'en puis échapper pour mourir vne fois !

CLORIS.

Si d'vne mefme ardeur leur ame eft enflamée,
Te plains-tu d'aymer bien, & d'eftre bien aymée ?
Tu les peux voir tous deux, & les favorifer.

PHILIS.

Vn cœur fe pourroit-il en deux parts divifer ?

CLORIS.

Pourquoy non ? c'eft erreur de la fimpleffe humaine ;
La foy n'eft plus au cœur qu'vne chimere vaine,
Tu dois, fans t'arrefter à la fidélité,
Te fervir des Amans comme des fleurs d'Efté,
Qui ne plaifent aux yeux qu'eftant toutes nouvelles ;
Nous auons de nature au fein doubles mammelles,
Deux oreilles, deux yeux, & divers fentimens ;
Pourquoy ne pourrions-nous avoir divers Amans ?
Combien en connoiffé-ie à qui tout eft de mife,
Qui changent plus fouvent d'Amant que de chemife ?
La grace, la beauté, la jeuneffe, & l'amour,
Pour les femmes ne font qu'vn Empire d'vn jour,
Encor que d'vn matin ; car à qui bien y penfe,
Le midy n'eft que foin, le foir que repentance.
Puis donc qu'Amour te fait d'Amans provifion,

Vſes de ta jeuneſſe, & de l'occaſion,
Toutes deux, comme vn trait de qui l'on perd la trace,
S'envolent, ne laiſſant qu'vn regret en leur place ;
Mais ſi ce proceder encore t'eſt nouveau,
Choiſy lequel des deux te ſemble le plus beau.

PHILIS.

Ce remede ne peut à mon mal ſatisfaire,
Puis Nature & l'Amour me défend de le faire,
En vn choix ſi douteux s'égare mon deſir,
Ils ſont tous deux ſi beaux qu'on n'y peut que choiſir ;
Comment beaux ! Ha ! Nature, admirable en ouvrages,
Ne fit iamais deux yeux, ny deux ſi beaux viſages,
Vn doux aſpect qui ſemble aux amours convier ;
L'vn n'a rien qu'en beauté l'autre puiſſe envier,
L'vn eſt brun, l'autre blond, & ſon poil qui ſe dore,
En filets blondiſſans, eſt ſemblable à l'Aurore,
Quand toute échevelée, à nos yeux ſouriant,
Elle émaille de fleurs les portes d'Orient ;
Ce teint blanc & vermeil où l'Amour rit aux Graces,
Cet œil qui fond des cœurs les rigueurs & les glaces,
Qui foudroye en regards, éblouït la raiſon,
Et tuë en baſilic, d'amoureuſe poiſon ;
Cette bouche ſi belle, & ſi pleine de charmes,
Où l'Amour prend le miel dont il trempe ſes armes ;
Ces beaux traits de diſcours, ſi doux, & ſi puiſſans,
Dont l'Amour par l'oreille aſſujettit mes ſens,
A ma foible raiſon font telle violence,
Qu'ils tiennent mes deſirs en égale balance ;

Car si de l'vn des deux ie me veux departir,
Le Ciel, non plus que moy, ne le peut consentir ;
L'autre pour estre brun aux yeux n'a moins de flammes,
Il seme en regardant, du soufre dans les ames,
Donne aux cœurs aveuglez la lumiere & le iour ;
Ils semblent deux Soleils en la sphere d'Amour ;
Car si l'vn est pareil à l'Aurore vermeille,
L'autre, en son teint plus brun, a la grace pareille
A l'Astre de Venus, qui doucement reluit,
Quand le Soleil tombant dans les ondes s'enfuit ;
Sa taille haute & droite, & d'vn juste corsage,
Semble vn pin qui s'éleve au milieu d'vn bocage ;
Sa bouche est de Coral, où l'on voit au dedans,
Entre vn plaisant souris, les perles de ses dents,
Qui respirent vn air embaumé d'vne haleine
Plus douce que l'œillet, ni que la marjolaine ;
D'vn brun meslé de sang son visage se peint,
Il a le jour aux yeux, & la nuit en son teint,
Où l'Amour, flamboyant entre mille estincelles,
Semble vn amas brillant des Estoilles plus belles,
Quand vne nuit sereine avec ses bruns flambeaux,
Rend le soleil jaloux, en ses jours les plus beaux !
Son poil noir & retors, en gros flocons ondoye,
Et crespelu, ressemble vne toison de soye ;
C'est, enfin, comme l'autre, vn miracle des Cieux.
Mon ame, pour les voir, vient toute dans mes yeux,
Et ravie en l'objet de leurs beautez extrémes,
Se retrouve dans eux, & se perd en soy-mesmes.
Las ! ainsi ie ne sçay que dire, ou que penser ;

De les aymer tous deux, n'eft-ce les offencer ?
Laiffer l'vn, prendre l'autre, ô Dieux! eft-il poffible!
Ce feroit les aymant, vn crime irremiffible ;
Ils font tous deux égaux de merite, & de foy ;
Las! je n'ayme rien qu'eux, ils n'ayment rien que moy:
Tous deux pour me fauver hazarderent la vie,
Ils ont mefme deffein, mefme amour, mefme envie.
De quelles paffions me fenté-ie émouvoir !
L'amour, l'honneur, la foy, la pitié, le devoir,
De divers fentimens également me troublent,
Et me penfant ayder, mes angoiffes redoublent ;
Car fi pour effayer à mes maux quelque paix,
Par fois oubliant l'vn, en l'autre je me plais,
L'autre, tout en colere, à mes yeux fe prefente,
Et me monftrant fes coups, fa chemife fanglante,
Son amour, fa douleur, fa foy, fon amitié,
Mon cœur fe fend d'amour, & s'ouvre à la pitié.
Las! ainfi combatuë en cette étrange guerre,
Il n'eft grace pour moy au Ciel ni fur la terre,
Contre ce double effort débile eft ma vertu,
De deux vents oppofez mon cœur eft combattu,
Et refte ma pauvre ame entre deux étouffée,
Miferable dépouille, & funefte trophée.

VERS SPIRITUELS.

Stances.

Quand fur moy je jette les yeux,
A trente ans me voyant tout vieux,
Mon cœur de frayeur diminuë,
Eſtant vieilly dans vn moment,
Ie ne puis dire feulement
Que ma jeuneffe eſt devenuë.

Du berceau courant au cercueil,
Le jour fe dérobe à mon œil,
Mes fens troublez s'évanouïffent,
Les hommes font comme des fleurs,
Qui naiffent & vivent en pleurs,
Et d'heure en heure fe faniffent.

Leur âge à l'inſtant écoulé,
Comme vn trait qui s'eſt envolé,
Ne laiffe apres foy nulle marque,
Et leur nom fi fameux icy,
Si toſt qu'ils font morts, meurt auffi,
Du pauvre autant que du Monarque.

N'agueres verd, fain & puiffant,
Comme vn Aubefpin floriffant,
Mon printemps eftoit délectable,
Les plaifirs logeoient en mon fein,
Et lors eftoit tout mon deffein
Du jeu d'amour, & de la table.

Mais las! mon fort eft bien tourné;
Mon âge en vn rien s'eft borné,
Foible languit mon efperance,
En vne nuit, à mon malheur,
De la joye & de la douleur
I'ay bien appris la difference!

La douleur aux traits veneneux,
Comme d'vn habit epineux
Me ceint d'vne horrible torture,
Mes beaux jours font changés en nuits,
Et mon cœur tout fleftry d'ennuys,
N'attend plus que la fepulture.

Enyvré de cent maux divers,
Ie chancelle, & vay de travers,
Tant mon âme en regorge pleine.
I'en ay l'efprit tout hebêté,
Et fi peu qui m'en eft refté,
Encor me fait-il de la peine.

La memoire du temps paſſé,
Que j'ay folement depencé,
Eſpand du fiel en mes vlceres;
Si peu que j'ay de jugement,
Semble animer mon ſentiment,
Me rendant plus vif aux miſeres.

Ha! pitoyable ſouvenir!
Enfin, que dois-je devenir!
Où ſe reduira ma conſtance!
Eſtant ja defailly de cœur,
Qui me donra de la vigueur,
Pour durer en la penitence?

Qu'eſt-ce de moy? foible eſt ma main,
Mon courage, hélas! eſt humain,
Ie ne ſuis de fer ni de pierre;
En mes maux monſtre-toy plus doux,
Seigneur, aux traits de ton courroux.
Ie ſuis plus fragile que verre.

Ie ne ſuis à tes yeux, ſinon
Qu'vn feſtu ſans force, & ſans nom,
Qu'vn hibou qui n'oſe paroiſtre,
Qu'vn fantoſme icy bas errant,
Qu'vne orde eſcume de torrent,
Qui ſemble fondre avant que naiſtre.

Où toy, tu peux faire trembler
L'Vnivers, & defaffembler
Du Firmament le riche ouvrage,
Tarir les Flots audacieux,
Ou, les élevant jufqu'aux Cieux,
Faire de la Terre vn naufrage.

Le Soleil fléchit devant toy,
De toy les Aftres prennent loy,
Tout fait joug deffous ta parole :
Et cependant, tu vas dardant
Deffus moy ton courroux ardent,
Qui ne fuis qu'vn bourrier qui vole.

Mais quoy! fi ie fuis imparfait,
Pour me defaire m'as-tu fait?
Ne fois aux pecheurs fi fevere;
Ie fuis homme, & toy Dieu Clement,
Sois donc plus doux au châtiment,
Et punis les tiens comme Pere.

I'ay l'œil feellé d'vn feau de fer,
Et déja les portes d'Enfer
Semblent s'entr'ouvrir pour me prendre;
Mais encore, par ta bonté,
Si tu m'as ofté la fanté,
O Seigneur, tu me la peux rendre.

Le tronc de branches deveſtu,
Par vne ſecrette vertu
Se rendant fertile en ſa perte,
De rejettons eſpere vn jour
Ombrager les lieux d'alentour,
Reprenant ſa perruque verte.

Où, l'homme en la foſſe couché,
Après que la mort l'a touché,
Le cœur eſt mort comme l'eſcorce;
Encor l'eau reverdit le bois,
Mais l'homme eſtant mort vne fois,
Les pleurs pour luy n'ont plus de force.

SVR LA NATIVITÉ

DE NOSTRE SEIGNEVR,

HYMNE

Par le commandement du Roy Louis XIII, pour sa Musique de la Messe de minuit.

Pour le salut de l'Vnivers,
Aujourd'huy les Cieux sont ouvers,
Et par vne conduite immense,
La grace descend dessus nous,
Dieu change en pitié son courroux,
Et sa Iustice en sa Clemence.

Le vray Fils de Dieu Tout-puissant,
Au fils de l'homme s'vnissant,
En vne charité profonde,
Encor qu'il ne soit qu'vn Enfant,
Victorieux & triomphant,
De fers affranchit tout le monde

Dessous sa divine vertu,
Le peché languit abbatu,

Et de ses mains à vaincre expertes,
Etouffant le serpent trompeur,
Il nous assure en nostre peur,
Et nous donne gain de nos pertes.

Ses oracles sont accomplis,
Et ce que par tant de replis
D'âge, promirent les Prophetes,
Aujourd'huy se finit en luy,
Qui vient consoler nostre ennuy,
En ses promesses si parfaites.

Grand Roy, qui daignas en naissant,
Sauver le Monde perissant,
Comme Pere, & non comme Iuge,
De Grace comblant nostre Roy,
Fay qu'il soit des meschans l'effroy,
Et des bons l'assuré refuge.

Qu'ainsi qu'en Esté le Soleil,
Il dissipe, aux rays de son œil,
Toute vapeur, & tout nuage,
Et qu'au feu de ses actions,
Se dissipant les factions,
Il n'ayt rien qui luy fasse ombrage.

SONNETS.

I.

O Dieu, fi mes pechez irritent ta fureur,
Contrit, morne & dolent, i'efpere en ta clemence.
Si mon duëil ne fuffit à purger mon offence,
Que ta grace y fupplée, & ferve à mon erreur.

Mes efprits éperdus friffonnent de terreur,
Et ne voyant falut que par la penitence,
Mon cœur, comme mes yeux, s'ouvre à la repentance,
Et me hay tellement, que ie m'en fais horreur.

Ie pleure le prefent, le paffé ie regrette,
Ie crains à l'avenir la faute que i'ay faite,
Dans mes rebellions ie lis ton jugement.

Seigneur, dont la bonté nos injures furpaffe,
Comme de Pere à fils vfes-en doucement ;
Si i'avois moins failly, moindre feroit ta grace.

II.

Quand devot vers le Ciel j'ose lever les yeux,
Mon cœur ravy s'emeut, & confus, s'emerveille,
Comment, dis je à part-moy, cette œuvre nompareille
Est-elle perceptible à l'esprit curieux ?

Cet Astre, ame du monde, œil vnique des Cieux,
Qui travaille en repos, & jamais ne sommeille
Pere immense du jour, dont la clarté vermeille,
Produit, nourrit, recrée, & maintient ces bas lieux.

Comment t'ebloüis-tu d'vne flamme mortelle,
Qui du soleil vivant n'est pas vne étincelle,
Et qui n'est devant luy sinon qu'obscurité ?

Mais si de voir plus outre aux Mortels est loisible,
Croy bien, tu comprendras mesme l'infinité,
Et les yeux de la foy te la rendront visible.

III.

Cependant qu'en la Croix, plein d'amour infinie,
Dieu pour nostre salut tant de maux supporta,
Que par son juste sang nostre ame il racheta
Des prisons où la mort la tenoit asservie,

Alteré du defir de nous rendre la vie,
I'ay foif, dit-il aux Iuifs ; quelqu'vn lors apporta
Du vinaigre, & du fiel, & le luy prefenta ;
Ce que voyant fa Mere en la forte s'écrie :

Quoy ! n'eft-ce pas affez de donner le trepas
A celuy qui nourrit les hommes icy bas,
Sans frauder fon defir, d'vn fi piteux breuvage ?

Venez, tirez mon fang de ces rouges canaux,
Ou bien prenez ces pleurs qui noient mon vifage,
Vous ferez moins cruels, & i'auray moins de maux.

COMMENCEMENT D'VN POEME SACRÉ.

I'ay le cœur tout ravy d'vne fureur nouvelle,
Or' qu'en vn S. ouvrage vn S. Démon m'appelle,
Qui me donne l'audace & me fait effayer
Vn fujet qui n'a peû ma jeuneffe effrayer.
 Toy, dont la providence en merveilles profonde,
Planta deffus vn rien les fondemens du monde,
Et baillant à chaque eftre & corps, & mouvemens,
Sans matiere donnas la forme aux Elemens;
Donne forme à ma Verve, infpire mon courage;
A ta gloire, ô Seigneur, i'entreprens cet ouvrage.
 Avant que le Soleil euft enfanté les Ans,
Que tout n'eftoit qu'vn rien, & que mefme le temps
Confus n'eftoit diftinct en trois diverfes faces,
Que les Cieux ne tournoyent vn chacun en leurs places,
Mais feulement fans temps, fans mefure, & fans lieu,
Que feul parfait en foy regnoit l'Efprit de Dieu,
Et que dans ce grand Vuide, en Majefté fuperbe,
Eftoit l'Eftre de l'Eftre en la vertu du Verbe;
Dieu qui forma dans foy de tout temps l'Vnivers,
Parla; quand à fa voix vn mélange divers....

EPIGRAMME.

Vialard, plein d'hypocrifie,
Par fentences & contredits,
S'eſtoit mis dans la fantaifie
D'avoir mon bien & Paradis.
Dieu ſe gard de chicanerie.
Pour cela, je le ſçay fort bien
Qu'il n'aura ma chanoinerie :
Pour Paradis ie n'en ſçay rien.

ODE SVR VNE VIEILLE MAQVERELLE.

Esprit errant, ame idolastre,
Corps verolé couuert d'emplastre,
Aueuglé d'vn lascif bandeau,
Grande Nymphe à la harlequine,
Qui s'est brisé toute l'eschine
Dessus le paué du bordeau,

Dy-moy pourquoy, vieille maudite,
Des Rufians la calamite,
As-tu sitost quitté l'Enfer?
Vieille à nos maux si preparée,
Tu nous rauis l'aage dorée,
Nous ramenant celle de fer.

Retourne donc, ame sorciere,
Des Enfers estre la portiere,
Pars & t'en va sans nul delay
Suyure ta noire destinée,
Te sauuant par la cheminée,
Sur ton espaule vn vieil balay.

Ie veux que par tout on t'appelle
Louue, chienne, ourfe cruelle,
Tant deçà que delà les monts,
Ie veux de plus qu'on y adioufte :
Voylà le grand Diable qui ioufte
Contre l'Enfer & les Demons.

Ie veux qu'on crie emmy la ruë,
Peuple, gardez-vous de la gruë
Qui deftruit tous les efguillons,
Demandant fi c'eft aduenture,
Ou bien vn effect de nature
Que d'accoucher des ardillons.

De cent clous elle fut formée,
Et puis pour en eftre animée,
On la frotta de vif-argent :
Le fer fut premiere matiere,
Mais meilleure en fut la derniere,
Qui fift fon cul fi diligent.

Depuis honorant fon lignage,
Elle fit voir vn beau mefnage
D'ordure & d'impudicitez,
Et puis par l'excez de fes flames.
Elle a produit filles & femmes
Au champ de fes lubricitez.

De moy tu n'auras paix ny trefue
Que ie ne t'aye veuë en Greue,
La peau paffée en maroquin,
Les os brifez, la chair meurtrie,
Prefte à porter à la voirie,
Et mife au fond d'vn mannequin.

Tu merites bien dauantage,
Serpent dont le maudit langage
Nous perd vn autre paradis :
Car tu changes le Diable en Ange,
Noftre vie en la mort tu change,
Croyant cela que tu nous dis.

Ha dieux ! que ie te verray fouple,
Lorsque le bourreau couple à couple
Enfemble lira tes putains,
Car alors tu diras au monde
Que malheureux eft qui fe fonde
Deffus l'efpoir de fes deffeins.

Vieille fans dens, grande halebarde,
Vieil baril à mettre mouftarde,
Grand morion, vieux pot caffé,
Plaque de lict, corne à lanterne,
Manche de luth, corps de guiterne,
Que n'es-tu defià *in pace*.

Vous tous qui malins de nature,
En defirez voir la peinture,
Allez-vous en chez le bourreau,
Car s'il n'eſt touché d'inconſtance,
Il la faiƈt voir à la potence,
Ou dans la ſalle du bordeau.

Stances.

Ma foy, ie fus bien de la feſte
Quand ie fis chez vous ce repas,
Ie trouuay la poudre à la teſte,
Et le poyure vn bien peu plus bas.

Vous me monſtrez vn Dieu propice,
Portant vn arc & vn brandon,
Appelez-vous la chaude piſſe
Vne fleſche de Cupidon ?

Mon cas, qui ſe leue & ſe hauſſe,
Baue d'vne eſtrange façon,
Belle, vous fourniſtes la ſauſſe
Lors que ie fournis le poiſſon.

Las ! ſi ce membre euſt l'arrogance
De foüiller trop les lieux ſacrez,
Qu'on luy pardonne ſon offence,
Car il pleure aſſez ſes pechez.

EPIGRAMMES.

I.

Amour est vne affection
Qui par les yeux dans le cœur entre,
Puis par vne defluction
S'escoule par le bas du ventre.

II.

Madelon n'est point difficile
Comme vn tas de mignardes font,
Bourgeois & gens sans domicile
Sans beaucoup marchander luy font,
Vn chacun qui veut la racoustre,
Pour raison elle dit vn poinct,
Qu'il faut estre putain tout outre,
Ou bien du tout ne l'estre point.

III.

Hier la langue me fourcha,
Deuisant auec Anthoinette,
Ie dis f....., & ceste finette
Me fit la mine & se fascha.

Ie defcheus de tout mon credit,
Et vis à fa couleur vermeille,
Qu'elle aimoit ce que i'auois dit,
Mais en autre part qu'en l'oreille.

IV.

Lors que i'eftois comme inutile
Au plus doux paffe-temps d'Amour,
I'auois vn mary fi habile
Qu'il me careffoit nuict & iour.

Ores celuy qui me commande
Comme vn tronc gift dedans le lict,
Et maintenant que ie fuis grande,
Il fe repofe iour & nuict.

L'vn fut trop vaillant en courage,
Et l'autre eft trop alangoury,
Amour, rends-moy mon premier aage,
Ou rends moy mon premier mary!

V.

Dans vn chemin vn pays trauerfant
Perrot tenoit fa Iannette accollée,
Si que de loin aduifant vn paffant,
Il fut d'aduis de quitter la meflee,

Pourquoy fais-tu, dict la garce affolée,
Trefue du cu, ha! dit-il, laiffe moy,
Ie voy quelqu'vn, c'eft le chemin du Roy.
Ma foy, Perrot, peu de cas te defbauche.
Il n'eft pas faict pluftoft comme ie croy,
Pour vn pieton que pour vn qui cheuauche.

VI.

Lizette à qui l'on faifoit tort,
Vint à Robin toute efplorée,
Ie te prie donne-moy la mort,
Que tant de fois i'ay defirée.
Luy, qui ne la refufe en rien,
Tire fon... vous m'entendez bien
Et au bout du ventre il la frappe.
Elle qui veut finir fes iours,
Luy dit, mon cœur, pouffe toufiours,
De crainte que ie n'en réchappe :
Mais Robin, las de la feruir,
Craignant vne nouuelle plainte,
Luy dit, hafte-toy de mourir,
Car mon poignard n'a plus de pointe.

Stances.

Si voſtre œil tout ardant d'amour & de lumiere
De mon cœur votre eſclaue eſt la flamme premiere,
Que comme vn Aſtre ſainct ie reuere à genoux,
    Pourquoy ne m'aymez-vous?

Si vous que la beauté rend ores ſi ſuperbe,
Deuez comme vne fleur qui fleſtrit deſſus l'herbe.
Eſprouuer des ſaiſons l'outrage & le courroux,
    Pourquoy ne m'aymez-vous?

Voulez-vous que voſtre œil en amour ſi fertille
Vous ſoit de la nature vn preſent inutille?
Si l'Amour comme vn Dieu ſe communique à tous,
    Pourquoy ne m'aymez-vous?

Attendez-vous qu'vn iour vn regret vous ſaiſiſſe?
C'eſt à trop d'intereſt imprimer vn ſupplice.
Mais puiſque nous viuons en vn aage ſi doux.
    Pourquoy ne m'aymez-vous?

Si voſtre grand' beauté toute beauté excelle,
Le Ciel pour mon malheur ne vous fit point ſi belle :
S'il ſemble en ſon deſſein auoir pitié de nous,
   Pourquoy ne m'aymez-vous ?

Si i'ay pour vous aymer ma raiſon offenſée,
Mortellement bleſſé d'vne fleſche inſenſée,
Sage en ce ſeul eſgard que i'ay beny les coups,
   Pourquoy ne m'aymez-vous ?

La douleur m'eſtrangeant de toute compagnie,
De mes iours malheureux a la clarté bannie,
Et ſi en ce malheur pour vous ie me reſous,
   Pourquoy ne m'aymez-vqus ?

Faſſe le Ciel qu'enfin vous puiſſiez reconoiſtre
Que mon mal a de vous ſon eſſence & ſon eſtre :
Mais Dieu puiſqu'il eſt vray, yeux qui m'eſtes ſi doux,
   Pourquoy ne m'aymez-vous ?

Complainte.

Stances.

Vous qui violentez nos volontez subiectes,
Oyez ce que ie dis, voyez ce que vous faites :
Plus vous la fermerez, plus ferme elle sera,
Plus vous la forcerez, plus elle aura de force,
Plus vous l'amortirez, plus elle aura d'amorce,
Plus elle endurera, plus elle durera.

Cachez-la, ferrez-la, tenez-la bien contrainte,
L'atache de nos cœurs d'vne amoureuse estrainte
Nous couple beaucoup plus que l'on ne nous deioinct ;
Nos corps sont desunis, nos ames enlacees,
Nos corps sont separez & non point nos pensees :
Nous sommes desunis, & ne le sommes point.

Vous me faictes tirer profit de mon dommage,
En croiffant mon tourment vous croiffez mon courage ;
En me faifant du mal vous me faictes du bien,
Vous me rendez content me rendant miferable,
Sans vous eftre obligé ie vous fuis redeuable.
Vous me faictes beaucoup & ne me faictes rien.

Ce n'eft pas le moyen de me pouuoir diftraire,
L'ennemy fe rend fort voyant fon aduerfaire,
Au fort de mon malheur ie me roidis plus fort.
Ie mefure mes maux auecques ma conftance :
I'ay de la paffion & de la patience,
Ie vis iufqu'à la mort, i'ayme iufqu'à la mort.

Bandez vous contre moi : que tout me foit contraire,
Tous vos efforts font vains, & que pouuez-vous faire ?
Ie fens moins de rigueur que ie n'ay de vigueur.
Comme l'or fe rafine au milieu de la flamme,
Ie defpite ce feu où i'efpure mon ame,
Et vay contre-carrant ma force & ma langueur.

Le Palmier genereux, d'vne conftante gloire
Toufiours s'opiniaftre à gagner la victoire,
Qui ne fe rend iamais à la mercy du poids,
Le poids le faict plus fort & l'effort le renforce,
Et furchargeant fa charge on renforce fa force,
Il efleue le faix en efleuant fon bois.

Et le fer refrappé fous les mains réfonnantes
Deffie des marteaux les fecouffes battantes,
Eft battu, combattu & non pas abbatu,
Ne craint beaucoup le coup, fe rend impenetrable,
Se rend en endurant plus fort & plus durable,
Et les coups redoublez redoublent fa vertu,

Par le contraire vent en foufflantes bouffées
Le feu va ratifant fes ardeurs eftouffees :
Il bruit au bruit du vent, fouffle au foufflet venteux,
Murmure, gronde, craque à longues hallenees,
Il tonne, eftonne tout de flammes entonnees :
Ce vent difputé bouffe & bouffit depiteux.

Le faix, le coup, le vent, roidit, durcit, embraze
L'arbre, le fer, le feu par antiperiftafe.
On me charge, on me bat, on m'efuente fouuent.
Roidiffant, durciffant & bruflant en mon ame,
Ie fais comme la palme & le fer & la flamme
Qui defpite le faix & le coup & le vent.

Le faix de mes trauaux efleue ma conftance,
Le coup de mes malheurs endurcit ma fouffrance,
Le vent de ma fortune attife mes defirs.
Toy pour qui ie patis, fubiect de mon attente,
O ame de mon ame, fois contente & conftante,
Et ioyeufe iouy de mes triftes plaifirs.

Nos deux corps font à toy, ie ne fuis plus que d'ombre.
Nos ames font à toy, ie ne fers que de nombre,
Las puifque tu es tout, & que ie ne fuis rien,
Ie n'ay rien en t'ayant, ou i'ay tout au contraire.
Auoir, & rien, & tout, comme fe peut-il faire?
C'eft que i'ay tous les maux, & ie n'ay point de bien.

I'ay vn Ciel de defirs, vn monde de trifteffe,
Vn vniuers de maux, mille feux de détreffe,
I'ay vn Ciel de fanglots & vne mer de pleurs,
I'ay mille iours d'ennuis, mille iours de difgrace,
Vn printemps d'efperance, & vn hyuer de glace,
De foufpirs vn automne, vn efté de chaleurs.

Clair foleil de mes yeux, fi ie n'ay ta lumiere,
Vne aueugle nuee éuite ma paupiere,
Vne pluie de pleurs decoule de mes yeux,
Les clairs efclairs d'amour, les efclats de fon foudre
Entrefendent mes nuicts & m'ecrafent en poudre :
Quand i'entonne mes cris, lors i'eftonne les Cieux.

Vous qui lifez ces vers larmoyez tous mes larmes
Soufpirez mes foufpirs vous qui lifez mes Carmes,
Car vos pleurs & mes pleurs amortiront mes feux,
Vos foufpirs, mes foufpirs animeront ma flame,
Le feu s'eftaint de l'eau & le foufle l'enflamme.
Pleurez doncques toufiours & ne foufpirez plus.

Tout moite, tout venteux, ie pleure, ie foufpire
Pour efteignant mon feu, amortir le martyre,
Mais l'humeur eft trop loing, & le foufle trop pres.
Le feu s'efteint foudain, foudain il fe renflamme.
Si les eaux de mes pleurs amortiffent ma flamme,
Les vents de mes defirs la ratifent apres.

La froide Sallamandre au chaud antipatique,
Met parmy le brafier fa froidure en pratique,
Et la bruflante ardeur n'y nuict que point ou peu ;
Ie dure dans le feu comme la Sallamandre,
Le chaud ne la confomme, il ne me met en cendre,
Elle ne craint la flamme, & ie ne crains le feu.

Mais elle eft fans le mal, & moy fans le remede,
Moi extremement chaud, elle extremement froide,
Si ie porte mon feu, elle porte fon glas,
Loing ou pres de la flamme, elle ne craint la flamme,
Ou pres ou loing du feu, i'ay du feu dans mon ame,
Elle amortit fon feu, & ie ne l'efteins pas.

Belle ame de mon corps, bel efprit de mon ame,
Flamme de mon efprit & chaleur de ma flamme,
I'enuie tous les vifs, i'enuie tous les morts,
Ma vie, fi tu veux, ne peut eftre rauie,
Veu que ta vie eft plus la vie de ma vie
Que ma vie n'eft pas la vie de mon corps.

Ie vis par & pour toy ainſi que pour moy meſme,
Tu vis par & pour moy ainſi que pour toy meſme :
Nous n'auons qu'vne vie & n'auons qu'vn treſpas.
Ie ne veux pas ta mort, ie deſire la mienne,
Mais ma mort eſt ta mort, & ma vie eſt la tienne,
Auſſi ie veux mourir & ie ne le veux pas.

STANCES POVR LA BELLE CLORIS.

Si le bien qui m'importune
Peut changer ma condition,
Le changement de ma fortune
Ne finit pas ma paſſion.

Mon amour eſt trop legitime,
Pour ſe rendre à ce changement,
Et vous quitter ſeroit vn crime
Digne d'vn cruel chaſtiment.

Vous avez deſſus moy, madame,
Vn pouuoir approuué du temps,
Car les vœux que i'ay dans mon ame
Seruent d'exemple aux plus contents.

Quelque force dont on eſſaye
D'aſſubiettir ma volonté,
Ie beniray touſiours la playe
Que ie ſens par voſtre beauté.

Ie veux que mon amour fidelle
Vous oblige autant à m'aymer
Comme la qualité de belle
Vous faict icy bas estimer.

Mon ame à vos fers asseruie,
Et par amour, & par raison,
Ne peut consentir que ma vie
Sorte iamais de sa prison.

N'adorant ainsi que vos chaisnes,
Ie me plais si fort en ce lien,
Qu'il semble que parmy mes peines
Mon ame gouste quelque bien.

Vos vœux où mon ame se fonde,
Me feront à iamais si chers
Que mes vœux feront en ce monde
Aussi fermes que des rochers.

Ne croyez donc pas que ie laisse
Vostre prison qui me retient,
Car iamais vn effect ne cesse,
Tant que la cause le maintient.

EPIGRAMMES.

I.

Faut auoir le cerueau bien vide
Pour brider des Mufes le Roy;
Les Dieux ne portent point de bride,
Mais bien les afnes comme toy.

II.

Le violet tant eftimé
Entre vos couleurs fingulieres,
Vous ne l'auez iamais aimé,
Que pour les deux lettres premieres.

III.

L'argent, tes beaux iours & ta femme
T'ont fait enfemble vn mauuais tour,
Car tu penfois au premier iour
Que Ieanneton deuft rendre l'ame.
Eftant ieune & bien aduenant,
Tu tromperois incontinent
Pour ton argent vne autre dame.
Mais, Iean, il va bien autrement :
Ta ieuneffe s'eft retirée,
Ton bien s'en va tout doucement,
Et ta vieille t'eft demeurée.

IV.

Quelque moine de par le monde
Prefchoit vn iour dans vne pippe,
Et par le pertuis de la bonde,
Paroiffoit vn bout de fa trippe.
Gardons nous bien qu'il ne nous pippe,
Dirent les Dames en riant.
Lors dict le prefcheur en criant,
Tout remply de courroux & d'ire,
Tout beau, paix là, laiffez moy dire,
Ou par Dieu vous irez dehors,
Que le diable qui vous fait rire,
Vous puiffe entrer dedans le corps.

V. — TOMBEAV D'VN COVRTISAN.

Vn homme gift fous ce tombeau,
Qui ne fut vaillant qu'au bordeau,
Mais au refte plein de diffame :
Ce fut, pour vous le faire court,
Vn Mars au combat de l'amour,
Au combat de Mars vne femme.

VARIANTES ET NOTES.

Page 10, vers 12. *Auiourd'huy que ton fils.* — Le Dauphin qui fut plus tard Louis XIII, né à Fontainebleau le 27 feptembre 1601.

13, v. 19. *Belle finon qu'en*, 1608. — Sinon en, 1613.

17, v. 10. *En la cour d'vn Prélat.* — Le cardinal de Joyeufe, archevêque de Touloufe.

18, v. 29. *De Socrate à ce point l'arreft*, 1608. — L'oracle, 1612 & 1613.

21, v. 27. *Ne couche de rien moins que*, 1608. — Ne couche de rien moins de, 1612. — Ne touche de rien moins de, 1613.

22, v. 20. *Ce Grecq...* Héfiode.

— v. 24. *Refuant comme vn oyfon qu'on mène*, 1608. — Comme vn oyfon allant, 1613.

27, v. 15. *Et le furnom de bon me va t on.* Cor-

rection. — Va tou, 1608; va tout, 1612 &
1613.

32, v. 14. *Compere, ce dit-il*, 1608. — Et comme, ce
dit-il..., 1612 & 1613.

34, v. 14. *Et qui morts nous profite*, 1608. — Et
qui morts ne profite, 1613.

— v. 21. *Puis qu'en ce monde icy on n'en faict differance*, 1608 & 1612. — On en faict differance,
1613.

37, v. 22. *Aux plus grands de rifée*, 1608. — Et
aux grands de rifée, 1612.

38, v. 9. *Les Poetes plus espais*, 1608. — Plus ef-
pois, 1612 & 1613.

39, v. 25. *Vn gremoire & des mots*, 1608. — Vn
grimoire, 1612.

— v. 28. *Mon tans en ces caquets*, 1608. — En
cent caquets, 1613.

41, v. 5. *Chaque fat a son sens*, 1608. — Chaf-
qu'vn fait à, 1613.

— v. 22. *La taigne le deuore*, 1608. — La taigne
vous deuore, 1612 & 1613.

42, v. 17. *Liqueur rousoyante du Ciel*, 1608. —
Rosoyante, 1613.

44, v. 12. *Au vif entendement*, 1608. — En cet
entendement, 1612 & 1613.

44, v. 29. *Change la nature*, 1608. — Change de nature, 1613.

45, v. 4. *Auecq' l'age s'altere*, 1608 & 1612. — Auec l'âme, 1613.

47, v. 21. *Et faifant le preud'homme*, 1608. — Et faifoit le preud'homme, 1612.

51, v. 5. *Où comme au grand Hercule*, 1608. — Vn grand Hercule, 1612 & 1613.

57, v. 21. *Cil qui mift les Souris en bataille.* — Homère, dans la *Batrachomyomachie*.

— v 23. *L'autre qui fift en vers vn Sopiquet.* — Virgile, dans le petit poëme intitulé *Moretum*.

61, v. 3. *Ofter auecq' eftude*, 1608. — Auecq' l'eftude, 1613.

68, v. 17. *Ie pourfuis*. Correction. — 1608 donne : Ie pourfuit. M. Royer propofe de lire : Il pourfuit.

69, v. 28. *Que ie quitté ce lieu*, 1608. — Que i'ay quitté, 1612 & 1613.

71, v. 29. *Nul acquis de fcience*, 1608. — Acquis nulle fcience, 1613.

73, v. 27. *Ne derobroit fa gloire*, 1608. — Ne defroboit, 1613.

75, v. 2. *Et prie Dieu qui nous garde*, 1608. — Qu'il nous garde, 1613.

77, v. 22. *N'ait piffé que pour eux*, 1608. — N'ait paffé, 1612 & 1613.

78, v. 20. *Ageolliuent leur frafe*, 1608. — Enioliuent, 1612 & 1613.

79, v. 11. *Eclate d'vn beau teint*. Correction. — Éclaté, 1608 ; Efclaté, 1612.

— v. 15. *Quant à moy qui n'ay point*, 1608. — Quant à moy ie n'ay point, 1613.

80, v. 25. *A manqué de ceruelle*. Leçon de 1612 & de 1613. Il faut : manque, felon l'édition de 1608.

83, v. 10. *La Court & fa maitreffe*, éd. orig. — Depuis on a corrigé ainfi : Sa cour.

85, v. 18. *L'arcanciel*, éd. orig. — Poftérieurement on a mis : L'arcanciel.

88, v. 13. *Trebufchant fur le cul*, 1609. — Trebuchant par, 1613.

— v. 19. *Deuers nous fe vint rendre*, 1609. — Deuers nous fe vient rendre, 1613.

89, v. 4. *Ie n'en penfe pas moings*, 1609 & 1612. — Penfois pas moins, 1613.

— v. 11. *De ce que i'auois creu*, 1609. — l'aurois creu, 1612.

91, v. 18. *Qu'il auoit confommé*, 1609 & 1612. — Qui l'auoit confommé, 1613.

92, v. 16. *Luy pendoient au coſté, qui ſembloit*, 1609. — Qui ſembloient, 1612 & 1613.

— v. 17. *Vieux linge & vieux drapeaux*, 1609. — Vieux linges, vieux drapeaux, 1612.

— v. 27. *Qu'en ſa robe il a veu.* — On lit dans 1609 et 1612 : Que ſa robe ; dans 1613 & les éditions ſuivantes : Qu'en ſon globe. M. Tricotel propoſe : Que ſans robe, en ſe fondant ſur le mot *ignuda* (nue), tiré des vers du Caporali, traduits en cet endroit par Regnier. Cette dernière leçon eſt certainement la ſeule admiſſible.

93, v. 27. *Mais comme vn iour d'Eſté.* — A partir de 1642, on a écrit : Vn iour d'hiuer.

97, v. 17. *Ses galles ou ſes crottes*, 1609 & 1612. — Ses galles & ſes crottes, 1613.

100, v. 8. *I'y ſuis, ie le voy bien*, 1609. — Ie ſuis..., 1612 & 1613.

103, v. 15. *Soit ſçauant en Sculture*, 1609. — Sçauant en la ſculture, 1612 & 1613.

104, v. 25. *Auez-vous point ſoupé*, 1609. — Aurez-vous, 1612.

109, v. 12. *Et que l'on me bernaſt*, 1609. — Berçaſt, 1612.

119, v. 15. *Celuy m'obligera*, 1608. — Cela, 1613.

121, v. 23. *Ie fus à fon exemple*, 1612. — l'eſtois, 1613.

— v. 26.
N'ayant pas tout à fait mis fin à fes vieux tours,
La vieille me rendit tefmoin de fes difcours.
Tapy dans vn recoin & couuert d'vne porte...

Ces trois vers ont été remplacés, dans l'édition de 1613, par les suivants :

Cefte vieille Chouette à pas lents & pofez,
La parolle modefte & les yeux compofez,
Entra par reuerence, & refferrant la bouche,
Timide en fon refpect fembloit Saincte Nitouche,
D'vn Aue Maria luy donnant le bon-iour,
Et de propos communs bien efloignez d'amour,
Entretenoit la belle en qui i'ay la penfee
D'vn doux imaginer fi doucement bleffee
Qu'aymans & bien aymez, en nos doux paffe-temps
Nous rendons en amour ialoux les plus contans,
Enfin comme en caquet ce vieux fexe fourmille
De propos en propos & de fil en efguille,
Se laiffant emporter au flus de fes difcours,
Ie penfé qu'il falloit que le mal euft fon cours.
Feignant de m'en aller, daguet ie me recule
Pour voir à quelle fin tendoit fon preambule,
Moy qui voyant fon port fi plein de fainéteté
Pour mourir, d'aucun mal ne me feuffe doubté :
Enfin me tapiffant au recoin d'vne porte,
I'entendy fon propos...

123, v. 6. *Sinon d'vn peu d'excuſe*, 1612. — Sinon qu'vn peu, 1613.

— v. 14. *Fille qui ſçait ſon monde a ſaiſon oportune.* — Ce vers & les treize ſuivants manquent dans l'édition de 1613.

— v. 19. *Ont-elles aux atours*, 1612. — Ont-elles en velours, 1642.

— v. 27. *Elle n'eſt pas plus chaſte*, 1612. — Plus ſage, 1642.

124, v. 22. *Le ſcandale & l'opprobre*, 1612. — Le ſcandale, l'opprobre, 1613.

127, v. 22. *Et faiſant des mouuans*, 1612 & ſuivantes. — Des mourans, 1729.

130. Satyre XIV. Cette ſatire eſt adreſſée à Sully. En 1614, elle a paru ſous le nom de *Maître Guillaume,* le Paſquin français.

133, v. 29. *Ils ont droit de leur cauſe*, 1613. — Ils ont droit en leur cauſe, 1642.

137, v. 6. *Et contre ſa fureur*, 1613 & ſuiv. — Que contre ſa fureur, 1642.

138, v. 18. *Se pleignent doucement*, Correction. — Se pleigent, 1613.

139, v. 12. *Seiour iadis ſi doux à ce Roy qui deux fois.* — L'abbaye de Royaumont & saint Louis, ſon fondateur.

140, v. 25. *Ils deuoient*, 1613. — Lisez Ils deuroient.

143, v. 10. *Informans*, 1613. — On a mis depuis Informons.

— v. 13. *N'eſt veu*, 1613. — Correction : S'eſt veu.

145, v. 14. *En la vieille eſcrime*, Correction. — En vieille eſcrime, 1613.

150, v. 10. *Comme vn nouveau Toittan*, 1613. — Lisez Titan.

151, v. 18. *En mon ame chancelle*, 1613. — En mon eſprit, 1642.

152, v. 12. *Ne la iette dehors*, 1613. — Correction : Ne la iettoit.

156, v. 22. *Elle cuide charmer*, 1613. — Elle penſe, 1642.

157, v. 7. *Ce qui m'eſt de ſouffrir*. Correction. — Ce qui n'eſt, 1613.

158, v. 4. *Ou reçoyue vn poullet*, 1613. — Ou reçoit, 1642.

— v. 6. *Luy parle ou la ſalue*, 1613. — Et la ſalue, 1642.

163, v. 11. *Ils ont vn cœur de chair*, 1613. — Ils ont le cœur, 1642.

164, v. 15. *Par ma bouche embraſée.*

Ce vers a été modifié & complété ainſi par les Elzeviers en 1642 :

Et ſa langue mon cœur par ma bouche embraſa,
Bref, tout ce qu'oſe Amour, ma déeſſe l'oſa,
Me ſuggerant...

165, v. 10. *En l'extreſme vieilleſſe.*— Après ce vers, les Elzeviers ont mis le ſuivant :

Puiſque ie ſuis rétif au fort de ma ieuneſſe.

166, v. 10. *Que l'œil d'vn enuyeux.*

— v. 16. *Luy ſeul comme enuyeux.*
Correction. Dans ces deux vers, 1613 porte : Ennuyeux.

— v. 21. *Aſſez de tes Amours.* Correction. — Aſſez de tes Amans, 1613.

167, v. 8. *Ie croy qu'ils s'en repentent*, 1613. — Qu'ils ſe repentent, 1642.

168, v. 11. *La faueur à la fin*, 1613.— Correction : La fureur.

— v. 13. *A quoy ton impudence*, 1613. — Ton impudence à tort, 1642.

169, v. 3. *Que vous me preſcrirez.* Correction. — Que vous me preſcriuez, 1613.

— v. 5. *Trahy les Dieux benins.* Correction. — Dans 1613 on lit : Trahy les Dieux ; venins.

171, v. 18. *Vn afnon qui vous f......* Correction — Qui void goute, 1613.

172, v. 19. *Sa façon.* — Correction. De façon, 1613.

173, v. 11. *Vne faliue.* Correction. — D'une faliue, 1613.

— v. 16. *Qui tient la mort entre fes dents* — Après ce vers on a intercalé la ftance fuivante :

    Ha ! que cette humeur languiffante
Du temps iadis eft differente,
    Quand braue, courageux & chaud,
Tout paffoit au fil de fa rage,
N'eftant fi ieune pucelage
Qu'il n'enfilaft de prime affaut !

177. L'édition de 1642 comprend de plus que celle de 1613, les fept ftrophes fuivantes à joindre aux cinq qui précèdent : Contre vn Amoureux tranfy :

    L'effort fait plus que le merite,
Car pour trop meriter vn bien
Le plus fouuent on n'en a rien ;
Et dans l'amoureufe pourfuite,
Quelquesfois l'importunité
Fait plus que la capacité.

    I'approuue bien la modeftie ;
Ie hay les amans effrontez ;

Euitons les extremitez :
Mais des dames vne partie,
Comme eſtant ſans election,
Iuge en diſcours l'affection.

En diſcourant à ſa maiſtreſſe,
Que ne promet l'amant ſubtil ?
Car chacun tant pauure ſoit-il,
Peut eſtre riche de promeſſe.
« Les grands, les vignes, les amans
« Trompent touſiours de leurs ſermens.

Mais vous ne trompez que vous meſme,
En faiſant le froid à deſſein.
Ie crois que vous n'eſtes pas ſain :
Vous auez le viſage bleſme.
Où le front a tant de froideur,
Le cœur n'a pas beaucoup d'ardeur.

Voſtre belle qui n'eſt pas lourde,
Rit de ce que vous en croyez.
Qui vous voit penſe que ſoyez
Ou vous muet, ou elle ſourde.
Parlez, elle vous oira bien ;
Mais elle attend, & n'entend rien.

Elle attend d'vn deſir de femme,
D'ouyr de vous quelques beaux mots.

Mais s'il eſt vrai qu'à nos propos
On reconnoiſt quelle eſt noſtre ame,
Elle vous croit, à ceſte fois,
Manquer d'eſprit comme de voix.

Qu'vn honteux reſpeƈt ne vous touche :
Fortune aime vn audacieux.
Penſez, voyant Amour ſans yeux,
Mais non pas ſans mains ny ſans bouche,
Qu'après ceux qui font des preſens,
L'Amour eſt pour les bien-diſans.

180, v. 12. *De l'Aucate*, 1608 à 1613. — Leucate. Correction poſtérieure.

181, v. 19. *Du puiſſant Archiduc.* L'archiduc d'Autriche.

182, v. 19. *Tandis que la fureur*, 1608 & 1612. — La faueur, 1613 & ſuiv.

183, v. 10. *Et depuis de bon œil*, 1608. — Et depuis le Soleil, 1613.

184, v. 14. *Auecq' ſon ieune Prince.* Le fils de Philippe II.

— v. 28. *Les diſcords étouſer*, 1608. — Les diſcours, 1612 & 1613.

186, v. 14. *Reietté loing de toy*, 1608. — Retiré, 1612 & 1613.

— v. 22. *Dans le vague des Cieux*, 1608. — La vague, 1612 & 1613.

189 à 207. Les pièces placées ici font rangées à tort par les éditeurs de Regnier, parmi les œuvres pofthumes du poëte. Les deux premières ont été publiées en 1611, dans le *Temple d'Apollon* (Rouen, Raphaël du Petit-Val), d'où les Elzeviers les ont tirées pour leur édition de 1642. D'autre part, le *Difcours d'vne vieille maquerelle*, a paru pour la première fois en 1609, dans les *Mufes Gaillardes* (Paris, Anthoine du Breuil); mais cette pièce ne porte le nom de Regnier que dans le *Cabinet Satyrique*, & c'eft là que l'éditeur de 1733 l'a prife pour la joindre aux pièces données plus loin (pages 251 à 259). Le fonnet fur la mort de M. Rapin fe trouve à la fin des œuvres de ce poëte, imprimées à Paris en 1610, in-4°; & l'épitaphe : *I'ay vefcu fans nul penfement*, dans les *Mufes Gaillardes*. Elle eft attribuée à Regnier par le Père Garaffe, à la page 648 de fon livre *Recherche des Recherches*.

209 à 249. Toutes ces pièces ont paru pour la première fois dans la feconde édition des Elzeviers, donnée en 1652, avec les *Louanges de Macette* dont Regnier n'eft point l'auteur.

250. Epigramme tirée de *l'Anti-Baillet*, 1688. Toutes les éditions de Regnier portent : *Dieu me gard*.

251 à 258. Pièces jointes pour la première fois aux œuvres de Regnier par l'éditeur de 1733, qui les a tirées du *Cabinet Satyrique*.

259 à 268. Pièces empruntées au *Parnaſſe Satyrique* par Viollet le Duc. Voir ſon édition de 1822.

269 à 271. La première de ces épigrammes eſt rapportée par Tallemant, hiſtoriette de Deſportes. Pour les ſuivantes, leur authenticité a été établie par M. Tricotel dans le *Bulletin du Bouquiniſte* du 15 juin 1860.

INDEX ET GLOSSAIRE.

Abolitions. Lettres du Roi mettant à l'abri de toute recherche l'homme foupçonné d'un crime.

Ains. Mais.

Anguilade. Coup de peau d'anguille ou simplement d'un linge roulé.

Ardez. Syncope de Agardez, voyez, regardez.

Armet. Tête, proprement armure de tête.

Arraffer, arfer. Dreffer, lever.

Arroy. Equipage. Le fens primitif eft charrue, train.

Arfenac. L'Arfenal, hôtel du premier miniftre Sully.

Affiner. Affigner.

Attifet. Parure, ornement de tête, de Tifer, par Attifer, le feul de ces mots qui nous refte.

Aucate (L'). Leucate. Cette réunion de l'article & du nom rappelle le mot lierre, primitivement l'hierre.

Barbe (Faire barbe de paille). Expreffion vicieufe, née de la confufion d'une locution : faire la barbe, avec une autre : faire garbe de paille (H. Eftienne, *Précellence du lang. franç.*). Faire garbe de paille à Dieu, c'eft proprement payer à l'Églife en gerbes de paille la redevance due en gerbes de blé.

Barifel. *Lictorum præfectus* (Hornkens), capitaine des fbires, de l'italien *Barigello*.

Baftille. Tréfor du roi. A la mort d'Henri IV, on trouva, dit Sully, dans les chambres voûtées, coffres & caques de la Baftille 15,870,000 livres. Peu de temps auparavant on en avait tiré 10,000,000.

Baye (Donner la). Donner de vaines efpérances, proprement, faire bayer, béer, du bas latin, *Badare*.

Beaulieu (L'abbé de), 67. Charles de Beaumanoir, feigneur de Lavardin, évêque du Mans, en 1601.

Bertaut. 41. Jean Bertaut, poëte français, né à Caen en 1552, évêque de Séez en 1606, mort en 1611.

Béthune. 51. Philippe de Béthune, baron de Selles & de Charost, frère de Sully; il mourut en 1649, à l'âge de quatre-vingt-quatre ans.

Bonadiez. Bonjour.

Bord (A). 60. A terre.

Brouage. Ville de la Charente-Inférieure, célèbre par fes marais falants.

Caban. Gabardine, or cloake of felt (Cotgrave). Manteau de feutre dont le tiffu eft fait de bourre de laine & de poils d'animaux

Calamite. Aimant, magnes (Nicot).

Caramain (Comte de). 15. Adrien de Montluc, comte de Cramail ou Caramain (avec l'*n* mouillé), fils du célèbre maréchal Blaife de Montluc. On lui doit les *Jeux de l'Inconnu*, la *Comédie des Proverbes*, l'*Infortune des filles de joye*. Il mourut en 1646, à l'âge de foixante-dix-huit ans.

Carouffe (Faire). To quaffe, carouffe (Cotgrave). Faire beuverie, de l'allemand : *Gar aus*, tout vide. (H. Eftienne. *Dialogue du nouv. lang. franç.* Envers, 1579, p. 42).

Cervelle (En). En peine, en travail (Furetière). Ce mot a été très-torturé. Broffette veut qu'il fignifie : en mauvaife humeur. M. Lacour lui donne le fens d'imaginairement.

C'eft mon. Expreffion approbative.

Chalan. Gros pain venant par les bateaux chalands de Corbeil, Villeneuve-Saint-Georges (Fretière).

Chalange. 211. Riche partifan.

Charité. Hôpital militaire conftruit par Henri IV.

Chartis. Hangar.

Chauvir (de l'oreille). Baiffer l'oreille.

Chère. Vifage. Belle chère & cueur arrière, dit un vieux proverbe français rapporté par H. Eftienne (*Précell. du lang. franç.*).

Chèvre (Prendre la). Prendre de l'humeur. Cette expreffion eft reftée longtemps en ufage dans notre langue. On la retrouve dans Molière & dans Regnard. Les Italiens difent encore en ce fens : *Pigliar la monna*, prendre la guenon (Littré).

Chiffler. Siffler. *To whiftle* (Cotgrave). L'adouciffement de *ch* en *s* paraît être analogue à celui de *j* en *z* dans bijarrement, plus tard bizarrement.

Chopper. Heurter du pied, faire un faux pas.

Cœuvres (Marquis de). 24. 60. François-Annibal d'Eftrées, frère de la Belle Gabrielle. Mort en 1670, âgé de cent ans.

Coffre. Sorte de caiffe fervant de banquette dans les antichambres.

Coite, *couette*. Lit de plume; du latin *Culcita*. On trouve auffi la forme *Coulte*.

Conftable. Forme contractée de Conneftable, qui lui-même vient de l'allemand Konigftapel, aide du roi, & non de *comes ftabuli* (Nicot).

Cornus du bon Père. Échauffés par le vin. Les Latins difaient : Donner des cornes, dans le fens d'animer, d'exciter. Le bon Père défigne ici Bacchus. Voir, pour l'intelligence de ce paffage, au livre XII des *Métamorphofes* d'Ovide, le Combat des Centaures & des Lapithes.

Coupeau ou *coupet* d'une montagne. *Supercilium montis, cacumen, jugum, fummitas* (Nicot).

Courtault. Cheval qui a crins & oreilles coupés (Nicot).

Coufin. 134. Fou, ainfi appelé du nom qu'il donnait au roi.

Dariolet. Entremetteur; de Dariolette, fuivante d'Elifenne, femme de Périon & mère d'Amadis de Gaule.

Degoifer. Cette expreffion parait dans l'origine ne s'être dite que des oifeaux. Les oyfeaux fe dégoyfent, *garriunt aves* (Nicot). *To chirpe or warble (as a finging bird)*. (Cotgrave).

Dégout. Chute, écoulement d'eau.

Defpautère. 98. Célèbre grammairien, mort en 1520.

Defportes (Philippe), oncle de Regnier. 24, 36, 37, 44, 70, 77, 79.

Dilayant, Délayer. Temporifer.

Éguillette (Courir l'). Chercher des aventures galantes.

Encaſtelé. Mot vſité en matière de pieds de bêtes de pied rond, comme cheuaux, mulets, quand on veut dénoter que la corne du talon s'entre approche prefque à ioindre, qui eſt vn grand vice au pied ; pour auquel obuier il faut au ferrer faire ouurir le talon auec le boutoir iufques au vif. (Nicot.) *Encaſtellé.* Qui a le talon étroit ; *narrow heeled*, dit Cotgrave.

Enſeignes de Trace. 95. Il s'agit ici des drapeaux pris aux Turcs vaincus à Lépante. Ils furent portés dans l'églife de Saint-Marc, patron de la ville & de la République de Venife.

Entrant. Hardi, audacieux. *A bould or audacious fellow* (Cotgrave).

Épée (Chevalier de la petite). Coupeur de bourfe.

Efcornes. Offenfes, atteintes.

Eſtriver. Quereller, difputer ; d'*eſtrif*, qui fignifie peine & auffi débat.

Éverolle. Ampoule. La forme régulière eſt *Aerole*, que l'on écrivait & prononçait auſſi : Eaurole.

Faquin. Mannequin contre lequel on joutait dans les manéges ; tournant ſur un pivot mobile, il frappait d'un ſabre de bois le cavalier qui ne l'atteignait pas en plein milieu.

Forquevaux (De). 144. Gentilhomme de la maiſon de la reine Marguerite. Il était du Midi & il mourut en 1611. On lui attribue à tort l'*Eſpadon Satyrique*, dont l'auteur, ainſi qu'il réſulte de certains paſſages de ce livre, était Franc-Comtois & vivait en 1615. Ces particularités viennent confirmer l'opinion d'après laquelle l'*Eſpadon* ſerait l'œuvre de Claude d'Eſternod, ſeigneur de Refranche & d'Eſternod, près Ornans.

Fourche (Fait à la). Mal tourné, de groſſière façon.

Fourneaux enfumés où l'on perd ſa ſubſtance. Alluſion au traitement des maladies vénériennes par les bains de vapeur. On diſait pareillement : Sûrie.

Freminet (Martin). 115. Peintre ordinaire des rois Henri IV et Louis XIII ; mort en 1619, à l'âge de cinquante-deux ans.

Fuſté. Accablé ; syncope de fuſtigé, fouetté, d'après Génin. (*Récréations Philologiques*, t. I, p. 161.)

Marotte Duflos pour foupechon de larrecin fut, fuftée à la banlieue (*Livre rouge d'Abbeville*).

Gallet. 134. Contrôleur des finances, joueur célèbre, à qui l'on attribue la conftruction de l'hôtel de Sully. Il fit fouvent, dit Sauval, quitter les dez à Henri IV.

Garite. Guérite, lieu de refuge & fauueté en vn defaftre & defroute. (Nicot).

Garot. Trait d'arbalefte. *A boult for a croffe bow* (Cotgrave).

Gille (Faire). Fuir. *To flie, run away.* (Cotgrave).

Gonin (Maiftre). Magicien, qui vivait fous Charles IX.

Guide des Pécheurs. Traité religieux de Louis de Grenade, de l'ordre de Saint-Dominique.

Houffe (En). A cheval, comme s'il y avait en felle. La houffe eft cette forte de couverture attachée à la felle.

Hypoftafe. Terme de théologie, qui fignifie effence, nature & perfonne de Dieu.

Japet. Le père de Prométhée.

Joug (faire). Italianifme, de *far giu*, céder, fe foumettre. Dans Marot, il eft écrit Faire jou. Plus tard il prend un *g* euphonique, & les lexicographes le rattachent à tort au mot Joug.

Jupon. Jupe. Nicot en donne deux explications : Squenie ou fouquenie, roquet ou rochet, furueftement qui eſt pendant par deuant & par derrière, bien bas. Les mémoires de Sully nous montrent Henri IV avec une jupe écarlate & ſon panache blanc.

Lanternes vives. On appelait ainſi des lanternes dans l'intérieur deſquelles un mécaniſme particulier faiſait mouvoir des figures grotesques.

Leʒina. Alluſion à un livre comique de la fin du XVIᵉ ſiècle, intitulé : *Della famoſiſſima Compagnia della Leʒina dialogo*, & plein de combinaiſons économiques plus outrées les unes que les autres.

Limeſtre. Eſpèce de ſerge croiſée & drapée, qui ſe fabriquait à Rouen.

Lipée (Suivant de Mᵐᵉ). Paraſite.

Lopet. 142. Anagramme de Paulet, inventeur du droit annuel du ſoixantième denier perçu pour l'hérédité des offices. Du nom du premier traitant, ce droit fut appelé la Paulette.

Louchali. 95. Calabrais pris par les corſaires, renégat, & enfin vice-roi d'Alger. Il commandait l'aile gauche de la flotte turque à la bataille de Lépante, en 1571 ; mais il s'enfuit dès que la victoire pencha du côté des Vénitiens & des Eſpagnols ſous les ordres de don Juan d'Autriche.

Luat (Ange Cappel, fr du). 216. Traducteur de pluſieurs ouvrages de Sénèque.

Luiteur. Lutteur. Dans le *Roman de la Roſe*, on trouve *Luitières*, & dans Amyot, *Lucteur*.

Mal de saint. Mal caduc (Oudin). Mal quelconque placé sous l'invocation d'un saint (Brossette).

Malle tache. Cri des dégraisseurs ambulants. (Voir dans le *Cabinet Satyrique* la satire du sr de la Ronce : *Sur le bas de soye d'un Courtisan.* St. 19).

Malle (Trousser en). Trousser & emporter à la façon d'une malle. On dit qu'un homme a été troussé en malle quand la maladie l'a emporté rapidement (Littré).

Marc (Saint). Voir *Enseignes.*

Marjollet. Petit homme fanfaron ; de l'italien *mariolo*, homme de rien.

Matelineux. Fantasque. Diminutif francisé de *matto*, fou.

Médard (Ris de saint). Ris forcé. On appelait mal Saint-Médard le mal de dents, &, suivant d'autres, l'emprisonnement. Un proverbe du XVIIe siècle dit :

> *Ris qui est de saint Médart*
> *Le cœur n'y prent pas grant part.*

(Voir Le Roux de Lincy, *Livre des Proverbes.*)

Menestra, soupe ; de l'italien *minestra.*

Moine bourru. Lutin qui, dans la croyance du peuple, court les rues aux Avents de Noël en faisant des cris effroyables (Furetière). Suivant Cotgrave, *Moyne bourry* ou *Moyne beur* désigne *a lubberly monke or instead of beuveur a quaffing monke.*

Montauban (Moiffet, dit). 211. Riche partifan qui bâtit Rueil, & dont Henri IV voulut faire le mari de Mme des Effards, une de fes maîtreffes.

Motin (Pierre). 8, 34, de Bourges; mort avant 1615.

Mouvans (Faire des). Broffette veut qu'on life : Mourans, & il a ainfi changé la leçon originale venue jufqu'à lui. On trouve cependant une expreffion analogue : *Faire de l'efchauffé*, dans H. Eftienne (*Dial. du nouv. lang. franç. ital. Envers,* 1579, p. 611).

Nazarde. Coup fur le nez.

Nice. Ignorante, naïve; de *nefcia.*

Nonne (Tour de). Syncope de *Torre dell' annona.* Tour de Rome qui, après avoir fervi de grenier à blé, devint une prifon.

Nuit. « O nuict, ialoufe nuict. » 99. Commencement d'une chanfon de Defportes.

Ores. Maintenant.

Pantois. Hors d'haleine. Le primitif Pantais (*Pantess,* en anglais) eft un terme de fauconnerie qui défigne l'afthme chez le faucon.

Pas (Les Cinq). Sorte de danfe à la mode, comme les Six Vifages.

Pafferat. 170.

Paffe volants. Soldats de parade qu'on louait aux

38

jours de revue pour montrer des régiments complets.

Patraffe ou *Patras*. Le golfe de Patras & celui de Lépante ne forment qu'un long golfe refferré à fon milieu par un détroit de chaque côté duquel fe trouvent, au nord, Lépante en Phocide, &, au fud, Patras en Achaïe.

Peautre. Plâtre.

Petrarque & fon remède. 101. Pétrarque & fon livre *De Remediis utriusque fortunæ.*

Pioleʒ. De deux couleurs tranchées comme le plumage d'une pie. Semblablement de Raie eft venu d'abord Raiolé, puis Riolé, bigarré, peint par petites raies. (Nicot).

Piot. Boiffon.

Pommades. Terme de manége. Saut fait en felle en appuyant feulement la main fur le pommeau.

Pontalais (Maiftre Ianin du). 218. Bouffon qui vivait fous François Ier. (Voir la trentième nouvelle des *Récréations & joyeux devis* de Defperiers.)

Poftpofer. Mettre après, rejeter.

Poule blanche. Latinifme. Le fils de la poule blanche, *gallinæ filius albæ,* eft l'enfant pour lequel on montre toute l'affection qu'on voudrait pouvoir témoigner à fa mère.

Pouſſinière (Étoile). Nom populaire de la conſtellation que les aſtronomes appellent les Pléïades, & plus particulièrement de l'étoile la plus brillante du groupe.

Puis (Pierre du). 53. Fou qui parcourait les rues avec un chapeau en guiſe de ſoulier.

Quaymande ou *Caimande*. Mendiante. Caimand, *a beggar* (Cotgrave). *Mendicus* (Nicot).

Quintaine. Groſſe pièce de bois fichée en terre, à laquelle eſt attaché vn eſcut contre lequel les ieunes gentilshommes iouſtent pour apprendre à courir la lance. (Nicot).

Rapin (Nicolas). 76, 199. Poëte poitevin, mort en 1608.

Reboucher. Emouſſer. Se reboucher ſe diſait d'une arme qui ſe fauſſe par ſuite d'un choc. Reboucher ſignifie donc proprement repouſſer avec force.

Recreu. Épuiſé. Se prend pour vn qui eſt moulu tout du long & ne peut plus fournir à la peine (Nicot). *Tired, out of heart* (Cotgrave).

Remeugle pour *remugle*. Odeur de renfermé.

Rollet. Rôle.

Rome (Faire). 142. Délivrer des expéditions de faux brefs & de fauſſes bulles du pape.

Roſette, nous verrons qui s'en repentira. 69, 135.

Refrain d'une chanſonnette de Deſportes contre une coquette.

Rotonde. Collet empeſé & monté ſur du carton.

Royaumont. 139. Abbaye de l'ordre de Cîteaux, fondée par ſaint Louis, à huit lieues de Paris, près de Luzarches.

Sades. Gracieuſes. De ce mot il nous reſte : Mauſ-fade.

Seau. Ville du Berry, où l'on fabriquait beaucoup de draps.

Siller. Priver de la vue. Se diſait des oiſeaux de proie dont on ſillait les yeux en les couſant d'un point d'aiguille, quand on n'avait pas de chaperon pour leur couvrir la tête. Il ne nous reſte plus que le mot Deſſiller.

Sivé. D'après les commentateurs, l'eau de ſive ou ſivé ſerait une eau de marais ou d'égout. Un paſſage tronqué du *Grand Teſtament* de Villon a donné naiſ-ſance à cette interprétation inexacte :

Dont l'un eſt noir, l'autre plus vert que cive
Où nourrices eſſangent leurs drappeaux.

Il faut lire, ballade IX du *Grand Teſtament* :

En ſang qu'on meĉt en poylettes ſecher
Chez ces barbiers, quand plaine lune arrive,

Dont l'un est noir, l'autre plus vert que cive ;
En chancre & fix, & en ces ords cuveaux
Où nourrices essangent leurs drapeaux,
. . . .
Soient frittes ces langues venimeuses.

Cive est évidemment employé ici pour ciboule. Suivant Nicot, sive ou civé, *suillum jus conditum, jus e suillis intestinis,* désigne du jus de porc, de tripes de porc.

Syndérèse. Reproche secret que nous fait notre conscience.

Tic, tac, torche, lorgne (En venir à). En venir aux coups. Dans la chanson de la *Guerre* de Jannequin, répertoire d'onomatopées batailleuses, on lit : *tricque, trac, torche, lorgne.*

Tiercelets. Terme de fauconnerie, pour désigner le faucon mâle, d'un tiers plus petit que la femelle. Au figuré, tiercelet de prince & tiercelet de poëte désignaient des principicules & des poëtereaux.

Tinel. Réfectoire des officiers & domestiques d'un grand seigneur. De l'italien *Tinello, luogo dove mangiano i cortigiani.*

Triacleur. Marchand de thériaque, charlatan.

Vanves. Village voisin de Paris, où Desportes avait une maison de campagne.

Vercoquin. Sorte de ver attaché à la cervelle de

l'homme & dont la morfure le rendait colère, bizarre & capricieux. Telle est la croyance populaire que Cotgrave rapporte en ces termes : A certain worme bred in a mans head, and making him cholericke, humorous and fantasticall, when it biteth, also the Vine fretter or Devills goldring. Les expressions *Vine fretter* & *Devills goldring* donnent les sens figurés du mot Vercoquin. La première désigne le trouble de l'ivresse & la seconde les visions de l'esprit.

Voire. Assurément ; du latin *vere*.

TABLE DES MATIERES.

	Pages.
Avertissement.	1
Notice	III

Premieres œvvres de M. Regnier.

Épître liminéaire au Roy			3
Ode à Regnier			5
Satyre	I.	Difcours au Roy.	9
—	II.	A M. le comte de Caramain. .	15
—	III.	A M. le marquis de Cœuures .	24
—	IIII.	A M. Motin	34
—	V.	A M. Bertault, éuefque de Sées.	41
—	VI.	A M. de Bethune	51
—	VII.	A M. le marquis de Cœuures .	60
—	VIII.	A M. l'abbé de Beaulieu . . .	67

Satyre	IX.	A M. Rapin	76
—	X.	Ce mouuement de temps. . .	85
—	XI.	Suitte. Voyez que c'eſt du monde	101
—	XII.	A M. Freminet	115
—	XIII.	Macette.	120
—	XIIII.	I'ay pris cent & cent fois . .	130
—	XV.	Ouy i'eſcry rarement	137
—	XVI.	A M. de Forqueuaus	144
—	XVII.	Non non i'ay trop de cœur . .	150

Élegie zelotipique. 155
Autre. Aymant comme i'aymois. 161
Impuiſſance. Imitation d'Ouide. 164
Sur le treſpas de M. Paſſerat 170
Stances. Le tout puiſſant Iupiter. 171
La C. P. Infame baſtard 172
Sur le portraict d'vn poëte couronné 175
Contre vn amoureux tranſy 176
Quatrains. Si des maux qui 178
— Ie n'ay peu rien voir qui me plaiſe. »
— Ie croy que vous auez faict vœu . »
— Le Dieu d'Amour ſe deuoit peindre. »
— Ceſte femme à couleur de bois. . »
Diſcours au Roy 179

Plainte. En quel obſcur ſéiour 189
Ode. Iamais ne pourray-ie bannir 196
Sonnet ſur la mort de M. Rapin. 199

Difcours d'vne vieille maquerelle	200
Épitaphe de Regnier.	206

ŒVVRES POSTHVMES.

Satyre. N'avoir crainte de rien.	209
— Perclus d'vne jambe & des bras . .	214
Élegie. L'homme s'oppofe en vain	219
Dialogue. Cloris & Philis	223
Vers spirituels. Stances. Quand fur moy . .	239
Sur la Nativité de Noftre Seigneur.	244
Sonnets I. O Dieu, fi mes pechez	246
— II. Quand devot vers le ciel. . . .	247
— III. Cependant qu'en la croix . . .	»
Commencement d'vn poëme facré	249
Épigramme. Vialard, plein d'hypocrifie . . .	250
Ode fur une vieille maquerelle	251
Stances. Ma foy, ie fus bien de la fefte . . .	255
Epigrammes. I. Amour eft vne affection . .	256
— II. Madelon n'eft point difficile .	»
— III. Hier la langue me fourcha .	»
— IV. Lorfque i'eftois comme inutile.	257
— V. Dans vn chemin vn pays. .	»
— VI. Lizette à qui l'on faifoit tort	258
Stances. Si voftre œil tout ardant	259
Complainte. Vous qui violentez	261
Stances pour la belle Cloris	267

Épigrammes I.	Faut auoir le cerueau . . .	269
— II.	Le violet tant eftimé . . .	»
— III.	L'argent, tes beaux iours .	270
— IV.	Quelque moine	»
— V.	Un homme gift	271
Variantes & notes	. . . .	273
Index & gloffaire .	. . . .	287

Achevé d'imprimer

LE VINGT FÉVRIER MIL HUIT CENT SOIXANTE-NEUF

PAR D. JOUAUST

POUR A. LEMERRE, LIBRAIRE,

A PARIS.

PETITE BIBLIOTHÈQUE LITTÉRAIRE

En vente :

LA FONTAINE — Fables — 2 vol.

— Contes — 2 vol.

En préparation :

MOLIÈRE — CORNEILLE — RACINE

LABRUYÈRE — BEAUMARCHAIS

BOILEAU — LA ROCHEFOUCAULD

VOLTAIRE. Romans et Contes.

Etc., etc., etc.

Paris, imprimerie Jouaust, rue Saint-Honoré, 338.

www.ingramcontent.com/pod-product-compliance
Lightning Source LLC
Chambersburg PA
CBHW060500170426
43199CB00011B/1269